968
RTS
A
MUNE

JOUR J

6. L'IMAGINATION AU POUVOIR ?

Scénario
Fred Duval & Jean-Pierre Pécau
assistés de Fred Blanchard

Dessin
Mr Fab

Couleur
Jean-Paul Fernandez

Couverture
Manchu & Fred Blanchard

DELCOURT

Un grand merci à William Klein pour avoir souri à l'idée d'une suite à Mr Freedom !
F.B.

Pour Chattoune.
Et toujours un grand merci à Fred Blanchard pour son soutien indéfectible.
Mr Fab

Dans la même série :
Tome 1 : Les Russes sur la Lune !
Tome 2 : Paris, secteur soviétique
Tome 3 : Septembre rouge
Tome 4 : Octobre noir
Tome 5 : Qui a tué le président ?
Tome 6 : L'Imagination au pouvoir ?

De Jean-Pierre Pécau, chez le même éditeur :
- *Arcane majeur* (cinq volumes) - dessin de Damien
- *Arcanes* (huit volumes) - dessin de Campoy, Pignault, Kovacevic et Nenadov
- *Empire* (trois volumes) - dessin de Kordey
- *Les Fées noires* (trois volumes) - dessin de Damien
- *Le Grand Jeu* (quatre volumes) - dessin de Pilipovic
- *L'Histoire secrète* (vingt-deux volumes) - dessin de Kordey, Pilipovic et Geto
- *Keltos* (deux volumes) - dessin de Kordey
- *Little Blade* (deux volumes) - dessin de Def
- *Moby Dick* (deux volumes) - dessin de Pahek
- *Nash* (dix volumes) - dessin de Damour
- *Le Testament du docteur M* (trois volumes) - dessin de Damour
- *Une brève histoire de l'avenir* (deux volumes) - dessin de Damien
- *Zentak* (trois volumes) - dessin de Def

De Fred Duval, chez le même éditeur :
- *500 fusils* - coscénario de Cailleteau, dessin de Lamy
- *Carmen Mc Callum* (onze volumes et édition intégrale) - dessin de Gess (tomes 1 à 8) et Emem (tomes 9 à 11)
- *Carmen + Travis - les récits* (deux volumes) - collectif
- *Le Casse - La Grande Escroquerie* - dessin de Quet
- *Code Mc Callum* (cinq volumes) - dessin de Cassegrain
- *Gibier de potence* (quatre volumes) - coscénario de Capuron, dessin de Jarzaguet
- *Hauteville House* (sept volumes) - dessin de Gioux
- *Lieutenant Mac Fly* (trois volumes) - dessin de Barbaud
- *Meteors* (trois volumes) - dessin d'Ogaki
- *Tartuffe, de Molière* (trois volumes) - dessin de Zanzim
- *Travis* (neuf volumes et édition intégrale) - dessin de Quet (et Alizon pour le vol 6.2)
- *Travis Karmatronics* (un volume) - dessin de Blanchard

Aux Éditions Dargaud :
- *Nico* (deux volumes) - dessin de Berthet

Aux Éditions Vents d'Ouest :
- *Mâchefer* (trois volumes) - dessin de Vastra

De Fred Blanchard, chez le même éditeur :
- *Dante 01* - avec Caro, Bordage et Gess
- *Surplus Universalis*
- *Travis / Karmatronics* (un volume) - scénario de Duval

De Mr Fab, chez le même éditeur :
- *Spyder* (tome 1) - scénario de Latour

Label dirigé par Fred Blanchard.

Dépôt légal : mai 2011. I.S.B.N. : 978-2-7560-2478-3
Première édition

Conception graphique : Série B et Trait pour Trait

Achevé d'imprimer en avril 2011
sur les presses de l'Imprimerie Lesaffre, à Tournai, Belgique

www.editions-delcourt.fr

Paris, 31 mai 1968...
L'ALCOOL TUE PRENEZ DU LSD
BIZARRE...
QU'EST-CE QU'IL Y A ???
UN REFLET SUR UNE FENÊTRE DU LOUVRE ...
ÇA DOIT ÊTRE BELPHÉGOR !
MÉTRO EN GRÈVE EN LUTTE JUSQU'À LA SATISFACTION DE NOS REVENDICATIONS
C'EST MALIN !

VINCENNES
BANQUE DE FRANCE
200 MILLIONS, C'EST UNE SOMME, MONSIEUR LE DIRECTEUR, ET CE TRANSFERT EST... TRÈS INHABITUEL !
ORDRES DE L'ÉLYSÉE, MON VIEUX DUFOUR, ON LIVRE AU FORT DE VINCENNES, ENSUITE ADVIENNE QUE POURRA. MERCI ENCORE DE VOTRE AIDE, ON S'EN SOUVIENDRA EN HAUT LIEU !
SORTIE
PALAIS-ROYAL
JE NE COMPRENDS TOUJOURS PAS POURQUOI LES MILITAIRES NE SONT PAS VENUS NOUS CHERCHER DIRECTEMENT À LA BANQUE, SI JE PEUX ME PERMETTRE, MONSIEUR LE DIRECTEUR, C'EST...
C'EST COMME ÇA, DUFOUR. AU MOINS AVEC LE MÉTRO ON NE RISQUE PAS DE MAUVAISES RENCONTRES.
FRANCE
DE GAULLE EST MORT !
QUOI ?
ÇA VIENT DE TOMBER SUR LUXEMBOURG. LE GÉNÉRAL SE RENDAIT À BADEN-BADEN, IL Y A DEUX JOURS. SON HÉLICOPTÈRE S'EST CRASHÉ EN LORRAINE !

* Selon la Constitution c'est le président du Sénat, en l'occurrence Gaston Monnerville, qui devient président de la République en cas de vacance du pouvoir.

CENTRAL !! CENTRAL !! NOUS SOMMES ATTAQUÉS ENTRE LE LOUVRE ET CHÂTELET ! RÉPONDEZ, CENTRAL !
TAKATAKTAKKK
TAKATA KAKK
RÉPONDEZ !!
À TERRE ! MAINS SUR LA TÊTE !
LE PREMIER QUI TENTE DE NOUS SUIVRE SE FAIT BUTER ! VOUS FAITES PAS DE MOUSSE : VOS SALAIRES NE VOUS OBLIGENT PAS À JOUER LES HÉROS !
LA VOIE EST LIBRE À L'EXTÉRIEUR ?
AUCUN PROBLÈME !

C'EST FAIT !...
... CE SOIR À SAINT-DENIS, COMME C'ÉTAIT CONVENU...
ON FERA LE PARTAGE À CE MOMENT-LÀ.
L'IMAGINATION PREND LE POUVOIR

* Fusillade de la rue d'Isly : Le 26 mars 1962, à Alger, l'armée tire sur des manifestants pro-Algérie française. On déplorera 46 morts et 150 blessés.

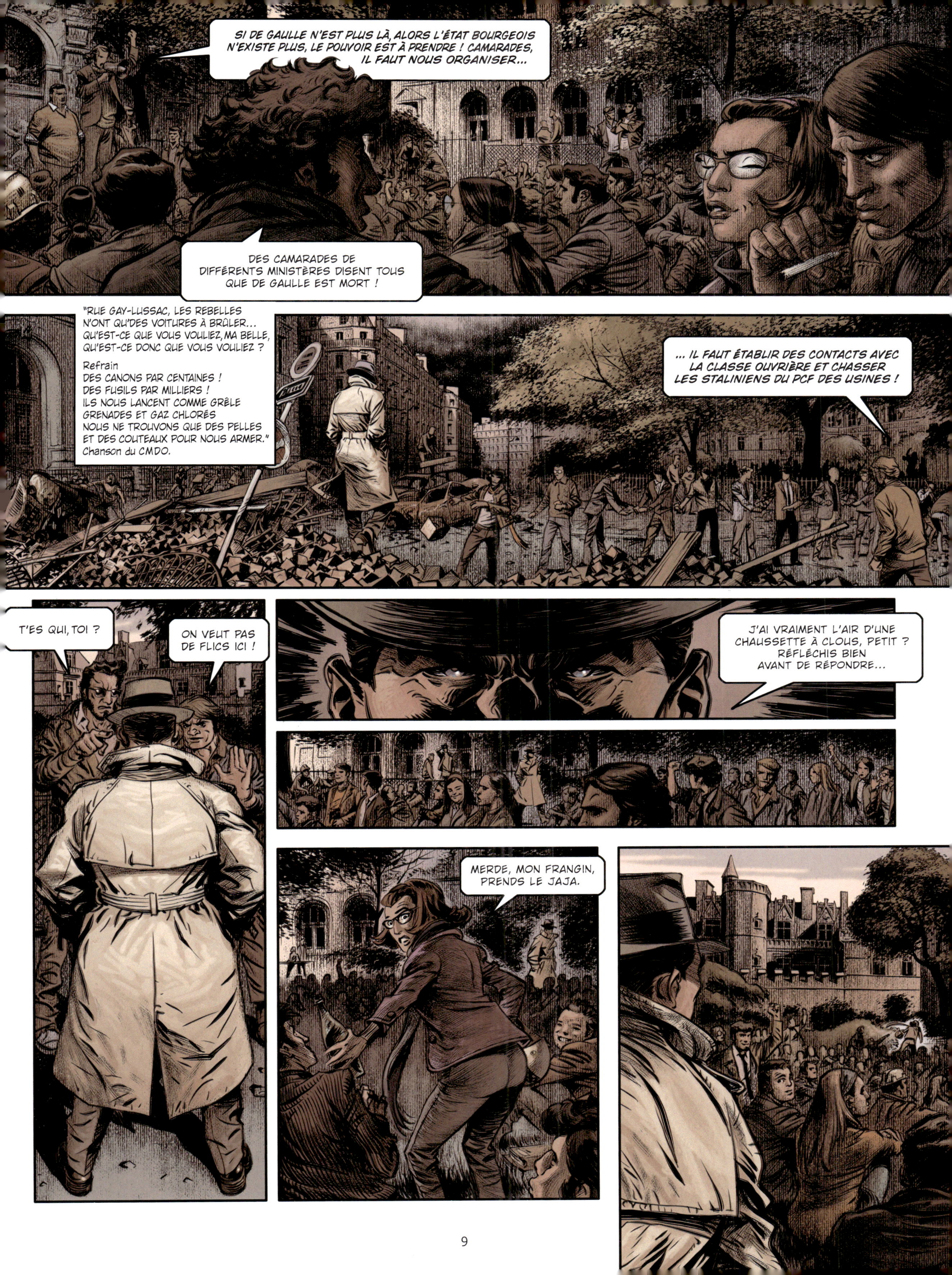
SI DE GAULLE N'EST PLUS LÀ, ALORS L'ÉTAT BOURGEOIS N'EXISTE PLUS, LE POUVOIR EST À PRENDRE ! CAMARADES, IL FAUT NOUS ORGANISER...
DES CAMARADES DE DIFFÉRENTS MINISTÈRES DISENT TOUS QUE DE GAULLE EST MORT !
"RUE GAY-LUSSAC, LES REBELLES N'ONT QU'DES VOITURES À BRÛLER... QU'EST-CE QUE VOUS VOULIEZ, MA BELLE, QU'EST-CE DONC QUE VOUS VOULIEZ ?
Refrain
DES CANONS PAR CENTAINES ! DES FUSILS PAR MILLIERS ! ILS NOUS LANCENT COMME GRÊLE GRENADES ET GAZ CHLORÉS NOUS NE TROUVONS QUE DES PELLES ET DES COUTEAUX POUR NOUS ARMER."
Chanson du CMDO.
... IL FAUT ÉTABLIR DES CONTACTS AVEC LA CLASSE OUVRIÈRE ET CHASSER LES STALINIENS DU PCF DES USINES !
T'ES QUI, TOI ?
ON VEUT PAS DE FLICS ICI !
J'AI VRAIMENT L'AIR D'UNE CHAUSSETTE À CLOUS, PETIT ? RÉFLÉCHIS BIEN AVANT DE RÉPONDRE...
MERDE, MON FRANGIN, PRENDS LE JAJA.

FICHE-MOI LA PAIX, D'ACCORD ?
TA MÈRE S'INQUIÈTE, ALORS TU DISCUTES PAS ET TU RENTRES.
UN PROBLÈME, MARIE ?
TU AS 20 ANS, DANS UN AN TU SERAS MAJEURE, TU FERAS CE QUE TU VOUDRAS, MAIS EN ATTENDANT, TU ME SUIS !
EH DIS, DONC, PÉPÉ, C'EST PAS TOI QUI FAIS LA LOI, ICI ! À BAS L'ORDRE PHALLOCRATE !
C'EST PAS BIEN POLI, TON CAMARADE DE CLASSE, VAUDRAIT MIEUX QU'IL ARRÊTE DE ME DIRE DES COCHONNERIES AVANT QUE ÇA DÉGÉNÈRE. JE MENACE PAS, J'EXPLIQUE. .
LES FLICS ! TOUT LE MONDE DEBOUT !
ALLEZ, VIENS !

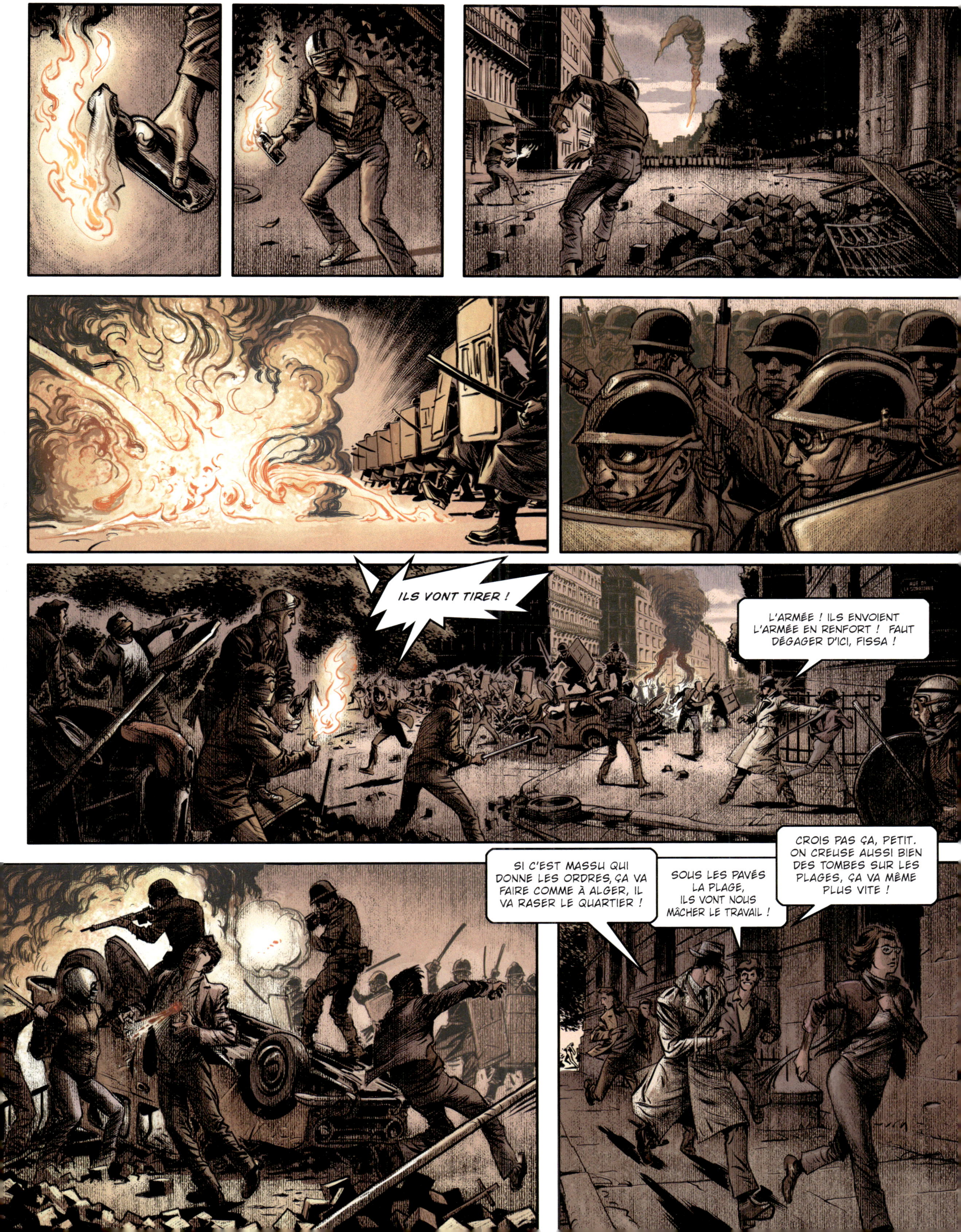
ILS VONT TIRER !
L'ARMÉE ! ILS ENVOIENT L'ARMÉE EN RENFORT ! FAUT DÉGAGER D'ICI, FISSA !
SI C'EST MASSU QUI DONNE LES ORDRES, ÇA VA FAIRE COMME À ALGER, IL VA RASER LE QUARTIER !
SOUS LES PAVÉS LA PLAGE, ILS VONT NOUS MÂCHER LE TRAVAIL !
CROIS PAS ÇA, PETIT. ON CREUSE AUSSI BIEN DES TOMBES SUR LES PLAGES, ÇA VA MÊME PLUS VITE !

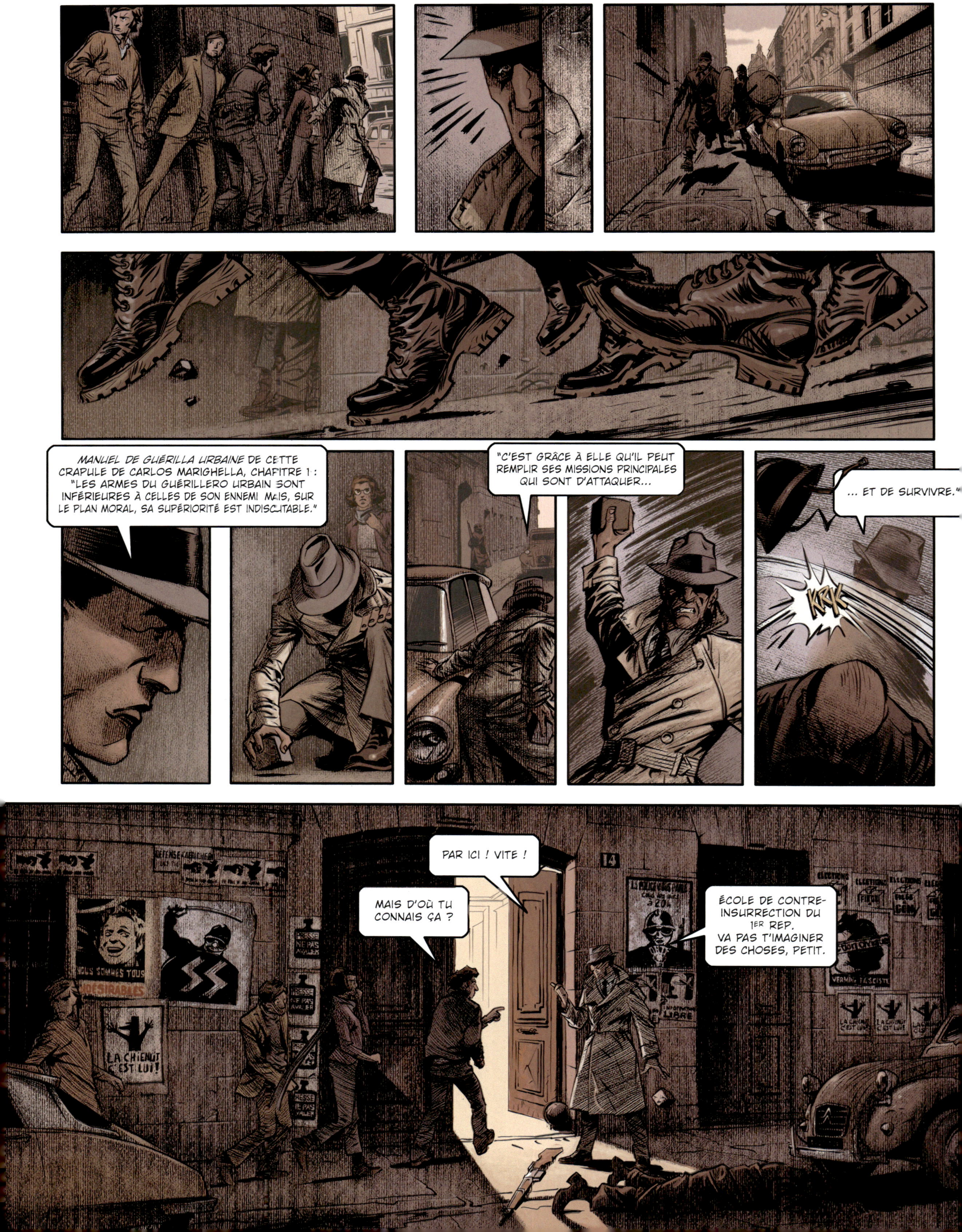
MANUEL DE GUÉRILLA URBAINE DE CETTE CRAPULE DE CARLOS MARIGHELLA, CHAPITRE 1 : "LES ARMES DU GUÉRILLERO URBAIN SONT INFÉRIEURES À CELLES DE SON ENNEMI MAIS, SUR LE PLAN MORAL, SA SUPÉRIORITÉ EST INDISCUTABLE."
"C'EST GRÂCE À ELLE QU'IL PEUT REMPLIR SES MISSIONS PRINCIPALES QUI SONT D'ATTAQUER...
... ET DE SURVIVRE."
KRK
PAR ICI ! VITE !
MAIS D'OÙ TU CONNAIS ÇA ?
ÉCOLE DE CONTRE-INSURRECTION DU 1ER REP. VA PAS T'IMAGINER DES CHOSES, PETIT.
NOUS SOMMES TOUS INDÉSIRABLES
LA CHIENLIT C'EST LUI !
PRESSE NE PAS AVALER
14
VERMINE FASCISTE
ÉLECTIONS
INFORMATION LIBRE

PAR ICI !
BLAM
MARIE, MAGNE !

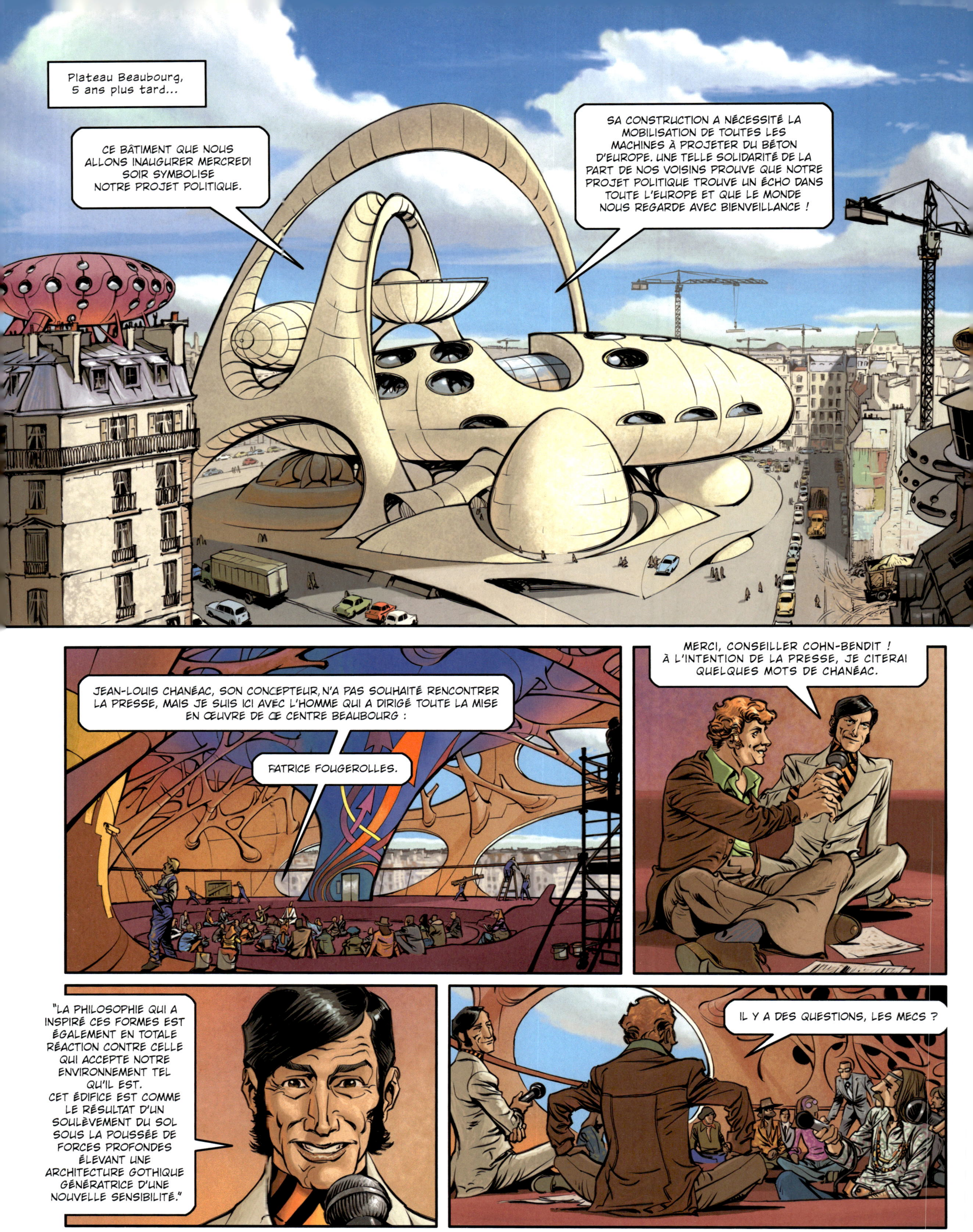
Plateau Beaubourg, 5 ans plus tard...
CE BÂTIMENT QUE NOUS ALLONS INAUGURER MERCREDI SOIR SYMBOLISE NOTRE PROJET POLITIQUE.
SA CONSTRUCTION A NÉCESSITÉ LA MOBILISATION DE TOUTES LES MACHINES À PROJETER DU BÉTON D'EUROPE. UNE TELLE SOLIDARITÉ DE LA PART DE NOS VOISINS PROUVE QUE NOTRE PROJET POLITIQUE TROUVE UN ÉCHO DANS TOUTE L'EUROPE ET QUE LE MONDE NOUS REGARDE AVEC BIENVEILLANCE !
JEAN-LOUIS CHANÉAC, SON CONCEPTEUR, N'A PAS SOUHAITÉ RENCONTRER LA PRESSE, MAIS JE SUIS ICI AVEC L'HOMME QUI A DIRIGÉ TOUTE LA MISE EN ŒUVRE DE CE CENTRE BEAUBOURG :
PATRICE FOUGEROLLES.
MERCI, CONSEILLER COHN-BENDIT ! À L'INTENTION DE LA PRESSE, JE CITERAI QUELQUES MOTS DE CHANÉAC.
"LA PHILOSOPHIE QUI A INSPIRÉ CES FORMES EST ÉGALEMENT EN TOTALE RÉACTION CONTRE CELLE QUI ACCEPTE NOTRE ENVIRONNEMENT TEL QU'IL EST. CET ÉDIFICE EST COMME LE RÉSULTAT D'UN SOULÈVEMENT DU SOL SOUS LA POUSSÉE DE FORCES PROFONDES ÉLEVANT UNE ARCHITECTURE GOTHIQUE GÉNÉRATRICE D'UNE NOUVELLE SENSIBILITÉ."
IL Y A DES QUESTIONS, LES MECS ?

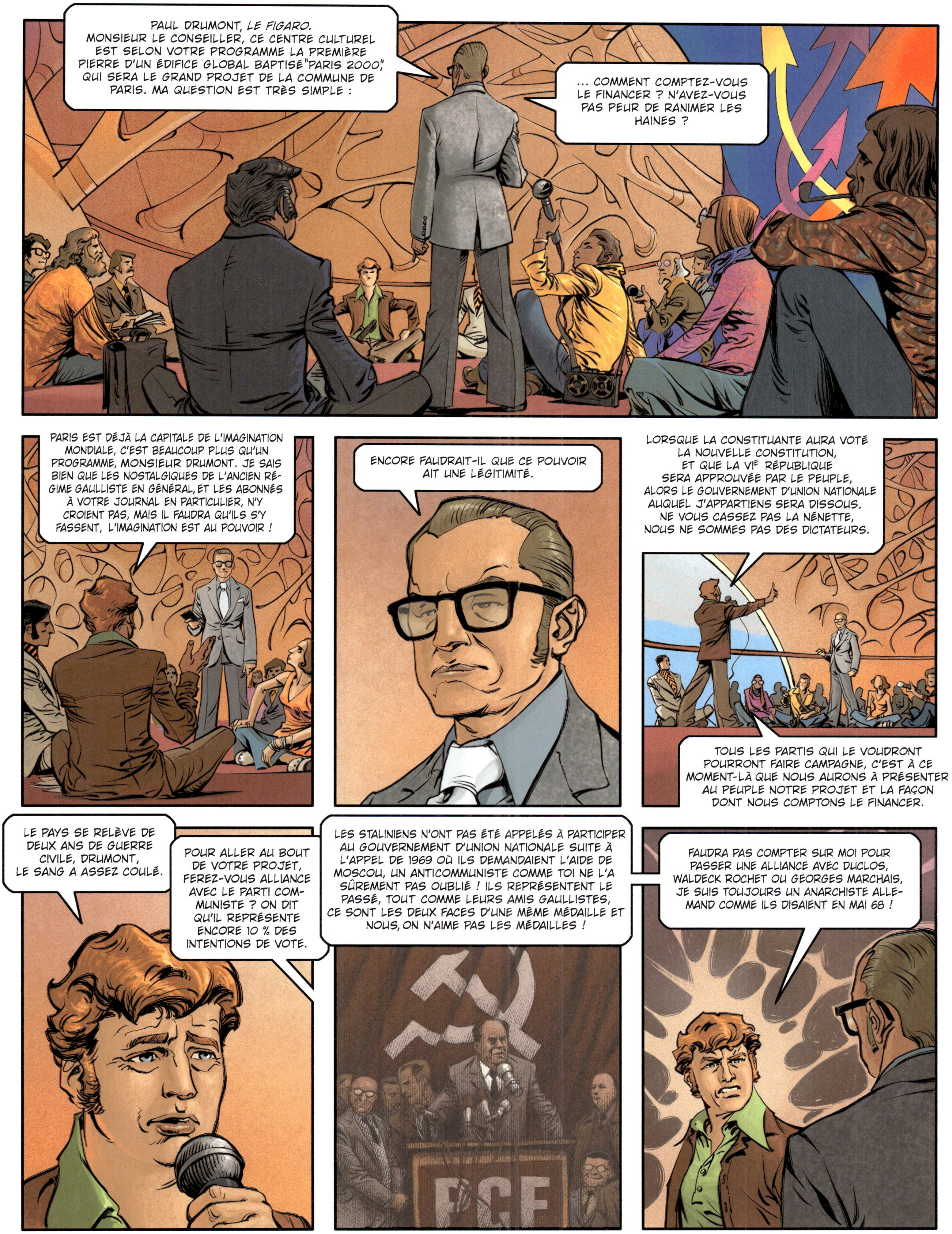
PAUL DRUMONT, LE FIGARO. MONSIEUR LE CONSEILLER, CE CENTRE CULTUREL EST SELON VOTRE PROGRAMME LA PREMIÈRE PIERRE D'UN ÉDIFICE GLOBAL BAPTISÉ "PARIS 2000", QUI SERA LE GRAND PROJET DE LA COMMUNE DE PARIS. MA QUESTION EST TRÈS SIMPLE :
... COMMENT COMPTEZ-VOUS LE FINANCER ? N'AVEZ-VOUS PAS PEUR DE RANIMER LES HAINES ?
PARIS EST DÉJÀ LA CAPITALE DE L'IMAGINATION MONDIALE, C'EST BEAUCOUP PLUS QU'UN PROGRAMME, MONSIEUR DRUMONT. JE SAIS BIEN QUE LES NOSTALGIQUES DE L'ANCIEN RÉGIME GAULLISTE EN GÉNÉRAL, ET LES ABONNÉS À VOTRE JOURNAL EN PARTICULIER, N'Y CROIENT PAS, MAIS IL FAUDRA QU'ILS S'Y FASSENT, L'IMAGINATION EST AU POUVOIR !
ENCORE FAUDRAIT-IL QUE CE POUVOIR AIT UNE LÉGITIMITÉ.
LORSQUE LA CONSTITUANTE AURA VOTÉ LA NOUVELLE CONSTITUTION, ET QUE LA VIE RÉPUBLIQUE SERA APPROUVÉE PAR LE PEUPLE, ALORS LE GOUVERNEMENT D'UNION NATIONALE AUQUEL J'APPARTIENS SERA DISSOUS. NE VOUS CASSEZ PAS LA NÉNETTE, NOUS NE SOMMES PAS DES DICTATEURS.
TOUS LES PARTIS QUI LE VOUDRONT POURRONT FAIRE CAMPAGNE, C'EST À CE MOMENT-LÀ QUE NOUS AURONS À PRÉSENTER AU PEUPLE NOTRE PROJET ET LA FAÇON DONT NOUS COMPTONS LE FINANCER.
LE PAYS SE RELÈVE DE DEUX ANS DE GUERRE CIVILE, DRUMONT, LE SANG A ASSEZ COULÉ.
POUR ALLER AU BOUT DE VOTRE PROJET, FEREZ-VOUS ALLIANCE AVEC LE PARTI COMMUNISTE ? ON DIT QU'IL REPRÉSENTE ENCORE 10 % DES INTENTIONS DE VOTE.
LES STALINIENS N'ONT PAS ÉTÉ APPELÉS À PARTICIPER AU GOUVERNEMENT D'UNION NATIONALE SUITE À L'APPEL DE 1969 OÙ ILS DEMANDAIENT L'AIDE DE MOSCOU, UN ANTICOMMUNISTE COMME TOI NE L'A SÛREMENT PAS OUBLIÉ ! ILS REPRÉSENTENT LE PASSÉ, TOUT COMME LEURS AMIS GAULLISTES, CE SONT LES DEUX FACES D'UNE MÊME MÉDAILLE ET NOUS, ON N'AIME PAS LES MÉDAILLES !
PCF
FAUDRA PAS COMPTER SUR MOI POUR PASSER UNE ALLIANCE AVEC DUCLOS, WALDECK ROCHET OU GEORGES MARCHAIS, JE SUIS TOUJOURS UN ANARCHISTE ALLEMAND COMME ILS DISAIENT EN MAI 68 !

BONJOUR, CONSEILLER CHIRAC !
PATRICE, COMMENT VAS-TU ?
ALLEZ, ON VA JUSQU'À LA TERRASSE SUD, VOUS ALLEZ VOIR, C'EST SUPER !
CONTRAIREMENT À CE QUE COHN-BENDIT S'IMAGINE, LA PROVINCE EN A MARRE DES ÉLUCUBRATIONS DES NOUVEAUX COMMUNARDS ! NOUS DISTRIBUONS DES BONS D'ESSENCE AVEC UNE GRANDE PRODIGALITÉ, LES FRANÇAIS AIMENT BIEN POUVOIR ALLER SE PROMENER LE DIMANCHE...
BIEN.
CE N'EST PAS COHN-BENDIT QUI ME FAIT PEUR, MAIS MITTERRAND. DANY LE ROUGE N'EST QU'UN ENFANT À QUI L'ON A OFFERT UN HOCHET.
UN HOCHET QUI NOUS A RAPPORTÉ PAS MAL D'ARGENT, SOIT DIT EN PASSANT.
CELA DIT : BEAU BÂTIMENT. UNE FOIS AUX AFFAIRES ON POURRAIT LE TRANSFORMER EN MUSÉE.
TU CONNAIS MA PASSION POUR LES ARTS PRIMITIFS !
"UNE ARCHITECTURE GOTHIQUE GÉNÉRATRICE D'UNE NOUVELLE SENSIBILITÉ." J'AI ADORÉ.

VOUS VOYEZ, IL Y A ENCORE PAS MAL DE BOULOT POUR TOUT RECONSTRUIRE.
ET IL NE FAUDRA JAMAIS OUBLIER QUE CE SONT LES CHARS DE MASSU QUI ONT DÉTRUIT TOUT ÇA.
ET QUE CE SONT LES ENFANTS PERDUS QUI NOUS ONT DONNÉ EN 69 NOTRE PREMIÈRE VICTOIRE...
... LES ENFANTS PERDUS ET LES MISSILES MILAN QUE LES OUVRIERS DE NORD AVIATION ONT APPORTÉS DE CHÂTILLON À LA DERNIÈRE MINUTE.
SANS LES MISSILES, MASSU ÉCRASAIT LA COMMUNE, UNE PREMIÈRE !
JE ME SOUVIENS ! LE MONDE ENTIER ÉTAIT SUR LE CUL, DES MÔMES AVEC DES TUBES EN FERRAILLE CONTRE DES AMX, LES MILITAIRES N'EN REVENAIENT PAS !
UN MILAN COÛTAIT 50 FOIS MOINS CHER QU'UN CHAR ET FAISAIT MOUCHE PRESQUE À TOUS LES COUPS. MASSU S'EST VITE RENDU COMPTE QU'IL NE POUVAIT PAS PRENDRE PARIS COMME ÇA !
ENCORE UNE QUESTION, DRUMONT ?
DRUMONT, TU LE CONNAIS BIEN ?
TU PARLES : DEPUIS LES ÉVÉNEMENTS, MAIS CEUX D'ALGÉRIE !
C'EST UN VIEUX COPAIN !
UN AMI DE 15 ANS !

L'AN 01
ON RECOMMENC
ON AGIT
ET C'EST
PAS TRISTE
BANDE DE CONNARDS !
BONSOIR, DRUMONT.
?
ON MONTE CHEZ TOI.

DELPÉRIER, ON TE CR...
MONTE !
FRÈRES...
OAS
ON TE CROYAIT MORT, C'EST ÇA QUE TU VOULAIS DIRE ?
TU AS DISPARU LA NUIT DU BRAQUAGE, JE T'AI CHERCHÉ, PAROLE...
CE SONT LES FLICS QUI M'ONT TROUVÉ, ET LAISSÉ POUR MORT.
MAIS JE SUIS UN CORIACE !

JE SUIS RESTÉ 6 MOIS DANS LE COMA, JE N'AVAIS PAS DE PAPIERS SUR MOI ET PUIS AVEC LE BORDEL DE LA GUERRE CIVILE ..
QUAND JE ME SUIS RÉVEILLÉ, JE N'AI DONNÉ QU'UN NOM : LE TIEN.
JE T'AI ATTENDU.
AU LIEU DE TE VOIR, J'AI ÉTÉ INTERNÉ DANS UN HÔPITAL DE PROVINCE...
LAISSE-MOI T'EXPLIQUER...
?
JE N'AI PLUS BESOIN D'EXPLICATIONS.

POLLY MAGGOO VS MISTER FREEDOM
7
4
W KLEIN
13-11-73
EXT. NUIT-
ORDER
TU N'AS PLUS QU'À MOURIR, MISTER FREEDOM !
POLLY MAGGOO EST DÉSORMAIS MA CRÉATURE ! GRAND SOIR POUR MOI ET PETIT MATIN POUR TOI !
GREAT !

MARIE, À TOI DE JOUER, MA CHÉRIE !
VOTRE SŒUR VA BIEN, ELLE EST ASSISTANTE POUR LE CINÉMA.
PARFOIS SIMPLE MAQUILLEUSE AUSSI, ÇA DÉPEND DES BUDGETS.
ELLE RELANCE LES AUTORITÉS RÉGULIÈREMENT POUR ESSAYER DE VOUS RETROUVER, MAIS ELLE PENSE QUE COMME BEAUCOUP D'AUTRES VOUS AVEZ ÉTÉ JETÉ À LA SEINE, CE JOUR-LÀ...
LA BEAUTÉ SERA COMESTIBLE OU NE SERA PAS !
Sape
C'EST PAS "CONVULSIVE", LA BEAUTÉ, DANS LA CITATION ?
LA CITATION DE DALI EST TOUJOURS LA BONNE !
SCÈNE 8, PREMIÈRE. ON TOURNE !

Forêt de Fontainebleau...
BONJOUR, SAMUEL !
BONJOUR, MONSIEUR.

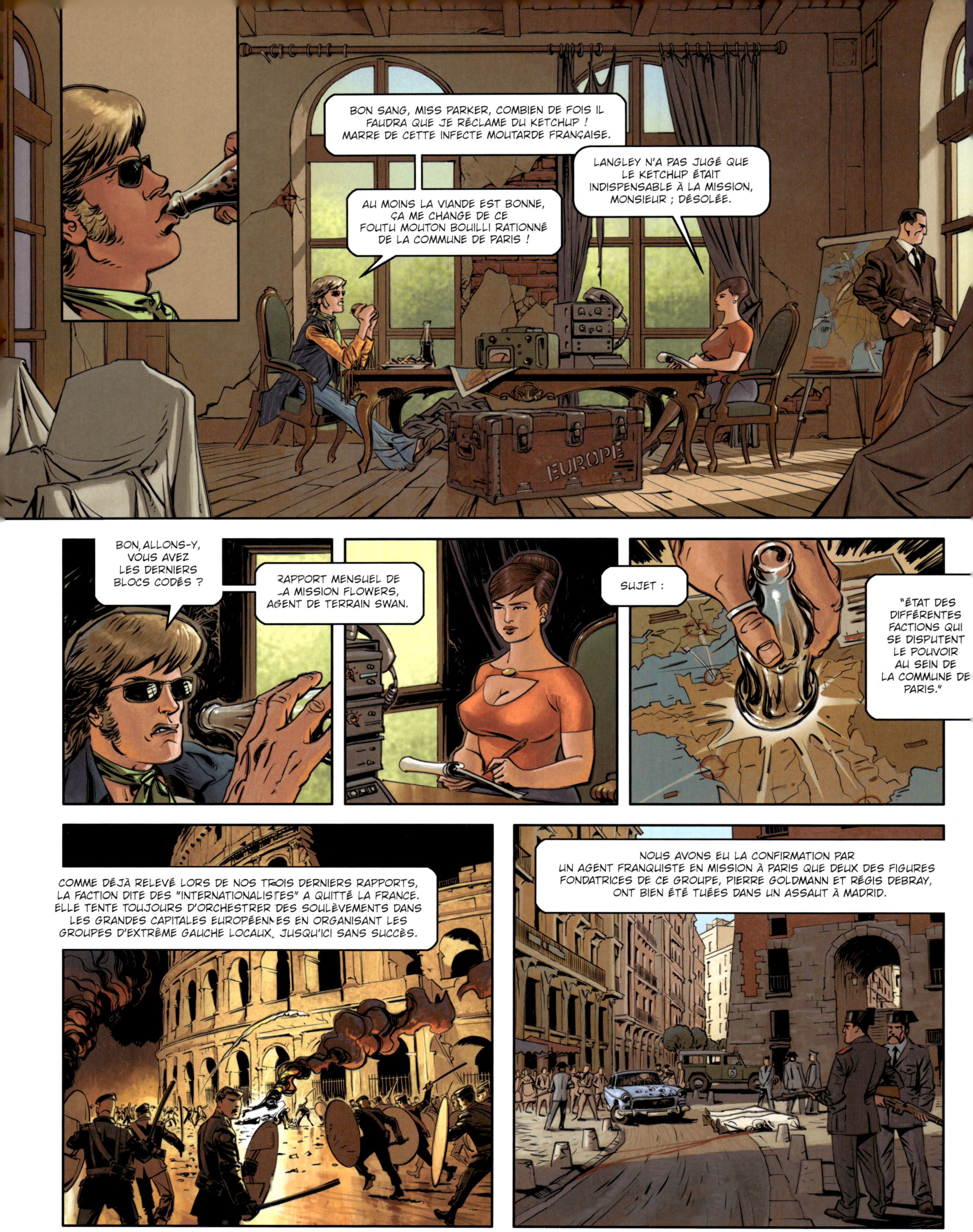
BON SANG, MISS PARKER, COMBIEN DE FOIS IL FAUDRA QUE JE RÉCLAME DU KETCHUP ! MARRE DE CETTE INFECTE MOUTARDE FRANÇAISE.
AU MOINS LA VIANDE EST BONNE, ÇA ME CHANGE DE CE FOUTU MOUTON BOUILLI RATIONNÉ DE LA COMMUNE DE PARIS !
LANGLEY N'A PAS JUGÉ QUE LE KETCHUP ÉTAIT INDISPENSABLE À LA MISSION, MONSIEUR ; DÉSOLÉE.
EUROPE
BON, ALLONS-Y, VOUS AVEZ LES DERNIERS BLOCS CODÉS ?
RAPPORT MENSUEL DE LA MISSION FLOWERS, AGENT DE TERRAIN SWAN.
SUJET :
"ÉTAT DES DIFFÉRENTES FACTIONS QUI SE DISPUTENT LE POUVOIR AU SEIN DE LA COMMUNE DE PARIS."
COMME DÉJÀ RELEVÉ LORS DE NOS TROIS DERNIERS RAPPORTS, LA FACTION DITE DES "INTERNATIONALISTES" A QUITTÉ LA FRANCE. ELLE TENTE TOUJOURS D'ORCHESTRER DES SOULÈVEMENTS DANS LES GRANDES CAPITALES EUROPÉENNES EN ORGANISANT LES GROUPES D'EXTRÊME GAUCHE LOCAUX. JUSQU'ICI SANS SUCCÈS.
NOUS AVONS EU LA CONFIRMATION PAR UN AGENT FRANQUISTE EN MISSION À PARIS QUE DEUX DES FIGURES FONDATRICES DE CE GROUPE, PIERRE GOLDMANN ET RÉGIS DEBRAY, ONT BIEN ÉTÉ TUÉES DANS UN ASSAUT À MADRID.

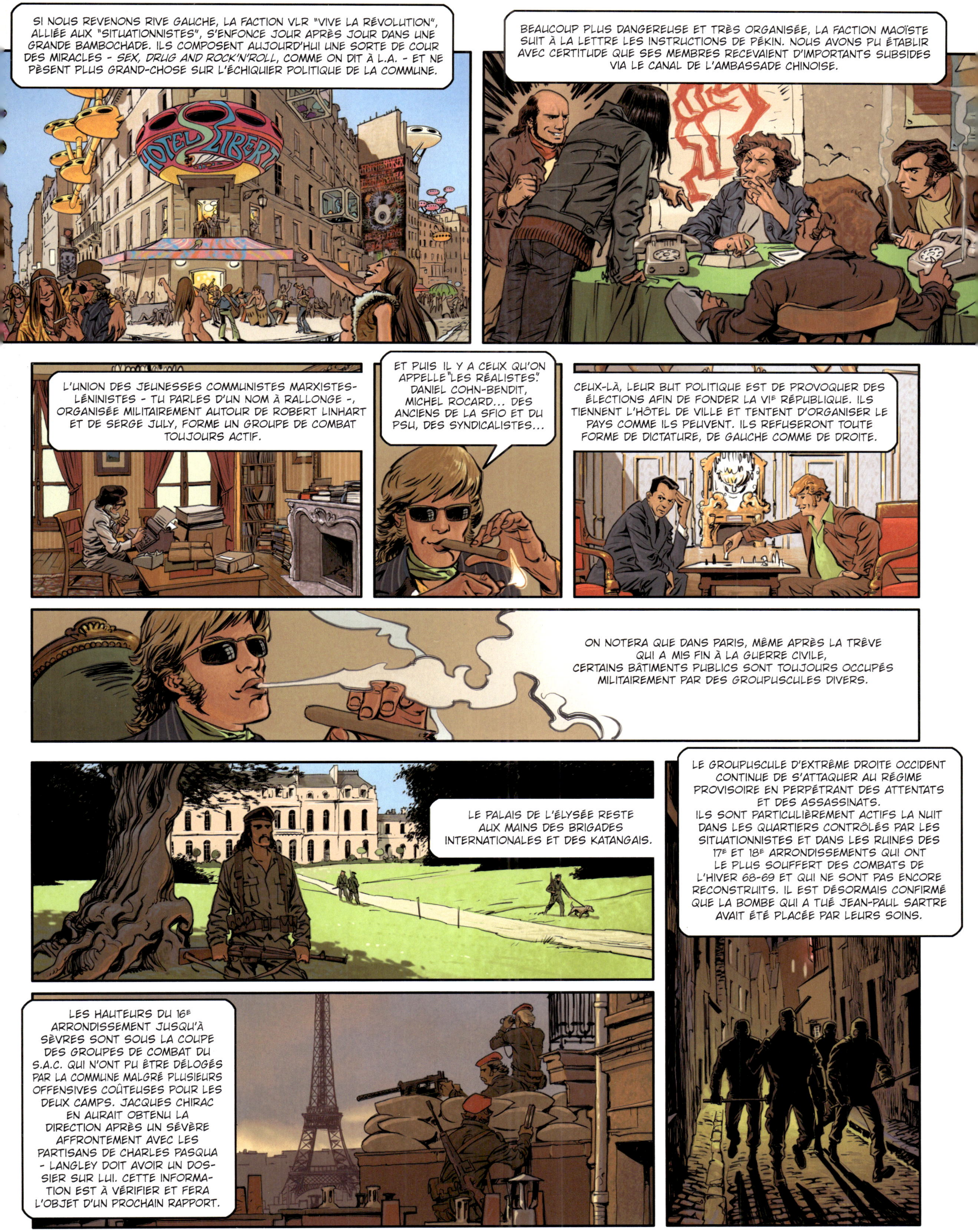

SI NOUS REVENONS RIVE GAUCHE, LA FACTION VLR "VIVE LA RÉVOLUTION", ALLIÉE AUX "SITUATIONNISTES", S'ENFONCE JOUR APRÈS JOUR DANS UNE GRANDE BAMBOCHADE. ILS COMPOSENT AUJOURD'HUI UNE SORTE DE COUR DES MIRACLES - *SEX, DRUG AND ROCK'N'ROLL*, COMME ON DIT À L.A. - ET NE PÈSENT PLUS GRAND-CHOSE SUR L'ÉCHIQUIER POLITIQUE DE LA COMMUNE.
HOTEL LIBERTY
BEAUCOUP PLUS DANGEREUSE ET TRÈS ORGANISÉE, LA FACTION MAOÏSTE SUIT À LA LETTRE LES INSTRUCTIONS DE PÉKIN. NOUS AVONS PU ÉTABLIR AVEC CERTITUDE QUE SES MEMBRES RECEVAIENT D'IMPORTANTS SUBSIDES VIA LE CANAL DE L'AMBASSADE CHINOISE.
L'UNION DES JEUNESSES COMMUNISTES MARXISTES-LÉNINISTES - TU PARLES D'UN NOM À RALLONGE -, ORGANISÉE MILITAIREMENT AUTOUR DE ROBERT LINHART ET DE SERGE JULY, FORME UN GROUPE DE COMBAT TOUJOURS ACTIF.
ET PUIS IL Y A CEUX QU'ON APPELLE "LES RÉALISTES". DANIEL COHN-BENDIT, MICHEL ROCARD... DES ANCIENS DE LA SFIO ET DU PSU, DES SYNDICALISTES...
CEUX-LÀ, LEUR BUT POLITIQUE EST DE PROVOQUER DES ÉLECTIONS AFIN DE FONDER LA VIE RÉPUBLIQUE. ILS TIENNENT L'HÔTEL DE VILLE ET TENTENT D'ORGANISER LE PAYS COMME ILS PEUVENT. ILS REFUSERONT TOUTE FORME DE DICTATURE, DE GAUCHE COMME DE DROITE.
ON NOTERA QUE DANS PARIS, MÊME APRÈS LA TRÊVE QUI A MIS FIN À LA GUERRE CIVILE, CERTAINS BÂTIMENTS PUBLICS SONT TOUJOURS OCCUPÉS MILITAIREMENT PAR DES GROUPUSCULES DIVERS.
LE PALAIS DE L'ÉLYSÉE RESTE AUX MAINS DES BRIGADES INTERNATIONALES ET DES KATANGAIS.
LE GROUPUSCULE D'EXTRÊME DROITE OCCIDENT CONTINUE DE S'ATTAQUER AU RÉGIME PROVISOIRE EN PERPÉTRANT DES ATTENTATS ET DES ASSASSINATS. ILS SONT PARTICULIÈREMENT ACTIFS LA NUIT DANS LES QUARTIERS CONTRÔLÉS PAR LES SITUATIONNISTES ET DANS LES RUINES DES 17E ET 18E ARRONDISSEMENTS QUI ONT LE PLUS SOUFFERT DES COMBATS DE L'HIVER 68-69 ET QUI NE SONT PAS ENCORE RECONSTRUITS. IL EST DÉSORMAIS CONFIRMÉ QUE LA BOMBE QUI A TUÉ JEAN-PAUL SARTRE AVAIT ÉTÉ PLACÉE PAR LEURS SOINS.
LES HAUTEURS DU 16E ARRONDISSEMENT JUSQU'À SÈVRES SONT SOUS LA COUPE DES GROUPES DE COMBAT DU S.A.C. QUI N'ONT PU ÊTRE DÉLOGÉS PAR LA COMMUNE MALGRÉ PLUSIEURS OFFENSIVES COÛTEUSES POUR LES DEUX CAMPS. JACQUES CHIRAC EN AURAIT OBTENU LA DIRECTION APRÈS UN SÉVÈRE AFFRONTEMENT AVEC LES PARTISANS DE CHARLES PASQUA - LANGLEY DOIT AVOIR UN DOSSIER SUR LUI. CETTE INFORMATION EST À VÉRIFIER ET FERA L'OBJET D'UN PROCHAIN RAPPORT.

NOTRE CONCLUSION EST QU'IL EST ENCORE ENVISAGEABLE DE SOUTENIR UNE CONTRE-RÉVOLUTION DANS PARIS, MAIS QU'ELLE SERAIT POLITIQUEMENT DIFFICILE À MENER.
IL SERAIT SELON MOI PRÉFÉRABLE D'OBSERVER LES GAULLISTES HISTORIQUES ET LES SOCIAUX-DÉMOCRATES S'AFFRONTER AUTOUR DE LA CONSTITUTION DE LA VIᴱ RÉPUBLIQUE AVANT D'ARRÊTER UNE STRATÉGIE CLAIRE.
FIN DE RAPPORT.
VOUS TRANSMETTEZ DÈS QUE POSSIBLE, MISS PARKER.
VOS FONDS POUR LE MOIS, MONSIEUR.
JE VOUS RETROUVERAI DANS DEUX JOURS AU POINT 3 POUR LES CONSIGNES DE LANGLEY.
POINT 3.
ENTENDU, SERGENT.
I READ THE NEWS TODAY, OH BOY ! ABOUT A LUCKY MAN WHO MADE THE GRADE.

Hôtel de ville de Paris...
POP ART '73
PARIS A TELLEMENT CHANGÉ...
TU AS L'AIR DE LE REGRETTER !
BIEN SÛR, J'ADORAIS SES VIEILLES PIERRES, VOUS AVEZ TOUT CASSÉ !
CE SONT LES PARAS DE MASSU QUI ONT TOUT CASSÉ, FRANÇOIS !
OH, PAR PITIÉ, DANIEL, PAS ÇA, PAS VOUS !
IL FAUT VIVRE AVEC SON TEMPS, FRANÇOIS !
JE N'AIME PAS MON TEMPS, MAIS ÇA VA CHANGER. NE ME DITES PAS QUE VOUS AVEZ AIMÉ CES ANNÉES DE GUERRE CIVILE ?
NON, BIEN SÛR, MAIS...
IL EST TEMPS DE RECONSTRUIRE LE PAYS, LES FRANÇAIS ONT SOIF DE PAIX ET DE CALME.
C'EST MARRANT, TU PARLES TOUJOURS AU NOM DES FRANÇAIS !
BIEN SÛR, POURQUOI PAS ? JE FAIS PARTIE DU GOUVERNEMENT PROVISOIRE DEPUIS LE PREMIER JOUR !
ET TU COMPTES FAIRE PARTIE DU PROCHAIN !
BIEN ENTENDU, LA VIe RÉPUBLIQUE VA NAÎTRE DES CENDRES DE LA COMMUNE, C'EST DANS L'ORDRE DES CHOSES, IL EST PLUS QUE TEMPS !

DÉSOLÉ DE VOUS INTERROMPRE, MESSIEURS.
OUI ? UN PROBLÈME ?
LE JOURNALISTE DU *FIGARO*, PAUL DRUMONT, A ÉTÉ ASSASSINÉ, DÉFENESTRÉ DE SON APPARTEMENT.
CE N'EST PAS UNE GROSSE PERTE.
ON A TROUVÉ CETTE LETTRE SUR LUI, ELLE EST ADRESSÉE AU GOUVERNEMENT D'UNION NATIONALE...
RIEN QUE ÇA...
C'EST UNE PLAISANTERIE ? QU'EST-CE QUE ÇA VEUT DIRE ?
DANIEL ? VOUS AVEZ UNE IDÉE ?
"Le joueur de grosse caisse revient dans l'orchestre et veut son cachet du 31 mai 1968, métro Palais-Royal, 10 % de la recette."
?!
CHIRAC, FAITES PASSER UNE DÉCLARATION À L'AFP ET ENVOYEZ UN MESSAGE AU *FIGARO* CONDAMNANT CETTE ACTION VIOLENTE.
VOUS CONNAISSIEZ PERSONNELLEMENT CE DRUMONT, NON ?
DE LOIN, DE TRÈS LOIN, MONSIEUR.
BON, BEN, JE VAIS CONFIER L'AFFAIRE À SERGE JULY. S'IL Y A UN TRUC À TROUVER, IL TROUVERA !

OUI ?
RENÉ ? C'EST MOI... DELPÉRIER !
TU... TU ES VIVANT !
JE VEUX MA PART ! EN OR, LE FRANC NE VAUT PLUS RIEN, À CE QU'ON ENTEND. DEMAIN, 19 HEURES, CHANTIER DE LA "CITÉ CRATÈRE" DE LA PLAINE SAINT-DENIS.
TU VIENS AVEC TON CHAUFFEUR, POINT BARRE. S'IL M'ARRIVE QUELQUE CHOSE, TOUT CE QUE JE SAIS SORTIRA DANS LES JOURNAUX.

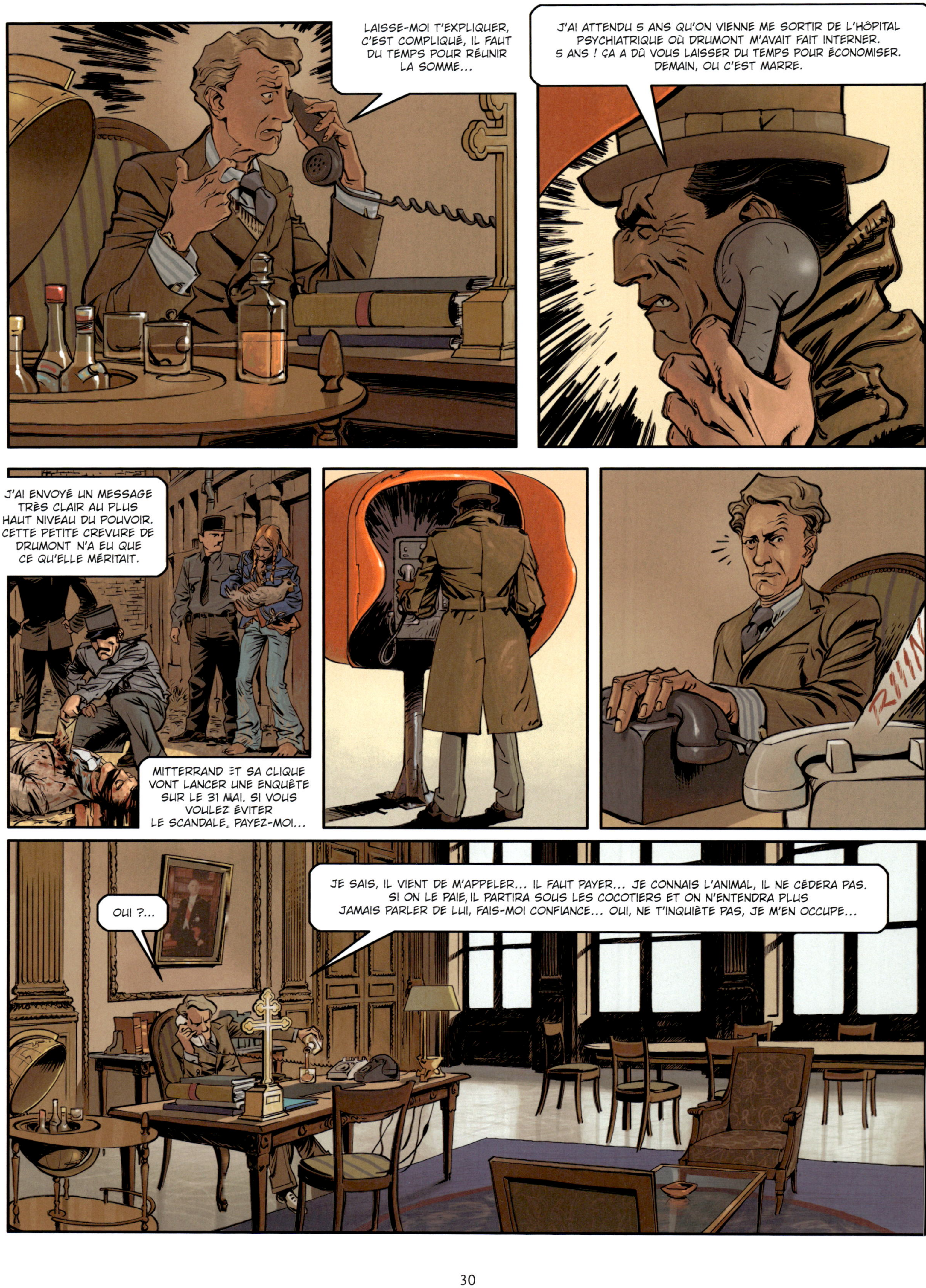
LAISSE-MOI T'EXPLIQUER, C'EST COMPLIQUÉ, IL FAUT DU TEMPS POUR RÉUNIR LA SOMME...
J'AI ATTENDU 5 ANS QU'ON VIENNE ME SORTIR DE L'HÔPITAL PSYCHIATRIQUE OÙ DRUMONT M'AVAIT FAIT INTERNER. 5 ANS ! ÇA A DÛ VOUS LAISSER DU TEMPS POUR ÉCONOMISER. DEMAIN, OU C'EST MARRE.
J'AI ENVOYÉ UN MESSAGE TRÈS CLAIR AU PLUS HAUT NIVEAU DU POUVOIR. CETTE PETITE CREVURE DE DRUMONT N'A EU QUE CE QU'ELLE MÉRITAIT.
MITTERRAND ET SA CLIQUE VONT LANCER UNE ENQUÊTE SUR LE 31 MAI. SI VOUS VOULEZ ÉVITER LE SCANDALE, PAYEZ-MOI...
RIIING
OUI ?...
JE SAIS, IL VIENT DE M'APPELER... IL FAUT PAYER... JE CONNAIS L'ANIMAL, IL NE CÈDERA PAS. SI ON LE PAIE, IL PARTIRA SOUS LES COCOTIERS ET ON N'ENTENDRA PLUS JAMAIS PARLER DE LUI, FAIS-MOI CONFIANCE... OUI, NE T'INQUIÈTE PAS, JE M'EN OCCUPE...

DANS LE VENT, LA PLUIE ET L'ORAGE / CHEVAUX DE FER MONSTRES D'ACIER CANONS POINTÉS / MEILLEUR DES CHARS TOUJOURS AVEC COURAGE / MARCHE AU COMBAT SOUS LES RAFALES AVEC FIERTÉ...
MAI 1968
MORTS POUR LA COMMUNE
AU 501 SOYONS TOUJOURS FIDÈLES / DE LA DB LES CŒURS PLUS VALEUREUX / FAISANT FLOTTER CETTE DEVISE BELLE / NOUS RESTERONS TOUJOURS FIERS ET HEUREUX...
?!
PRENDS GARDE AUSSI DEVANT SA LUNETTE / UN JOUR TU PASSES IL RESTERA TROIS SECONDES / POUR QU'À JAMAIS TA PROPRE VIE S'ARRÊTE / LE BÉRET NOIR T'ENVOIE DANS L'AUTRE MONDE !
'SCUSEZ SI JE ME PERMETS DE VOUS TENIR COMPAGNIE, MONSEIGNEUR !
VOUS ÉTIEZ DU 501E ?

JUSQU'À SA DISSOLUTION EN 70, OUI, MONSEIGNEUR ! ET JE PISSE À LA RAIE DE DANIEL COHN-BENDIT !
HIN HIN
JE VENAIS DE PASSER SERGENT-CHEF, QUAND MASSU A MOBILISÉ LA 501E ARMÉE DE CHARS DE COMBAT DE RAMBOUILLET... ORDRE DE FONCER SUR PARIS ET DE MATER LA RÉBELLION... FALLAIT PAS RIGOLER, 'TTENTION !!
501me RÉGIMENT de CHARS de COMBAT
"UN MILITAIRE DOIT SALUER LA VALEUR DE L'ADVERSAIRE", C'EST PAS BIGEARD QUI DISAIT ÇA ? PAIX À SON ÂME...
LE GÉNÉRAL BIGEARD EST MORT ?
FIN 68, MONSEIGNEUR, Z'ÉTIEZ OÙ, BORDEL ? ÇA A FAIT DU BRUIT, POURTANT !
3 BALLES, UN DIMANCHE À DAKAR, SAVEZ, LE SÉNÉGAL ? Y EN A QUI DISENT QUE C'ÉTAIT LE FLN ET PIS D'AUTRES L'OAS, MOI, J'DIS QU'ON SAURA JAMAIS...
FAUT PARFOIS SALUER LA VALEUR DE L'ENNEMI, OUAIS, BEN MERDE...
FAUT RECONNAÎTRE QUE LES GAMINS QUI DÉGOMMAIENT NOS AMX-30 AVAIENT DES COUILLES, FAUT LE RECONNAÎTRE...
AU BOUT DE 3 BRIGADES DÉZINGUÉES, LES HUILES, Y Z'ONT FINI PAR COMPRENDRE, ET MASSU S'EST SOUVENU DE LA BATAILLE D'ALGER...

ET C'EST LÀ QUE ÇA A COMMENCÉ À DÉCONNER POUR NOUS, SI VOUS VOULEZ MON AVIS, HEIN !!
C'EST PAS DE REFUS ! C'EST PAS DES AMÉRICAINES, J'ESPÈRE !
TOUS CES POUILLEUX QU'ONT COMMENCÉ À DÉBOULER ! IL EN VENAIT DE PARTOUT ! DES NOIRS, DES JAUNES, DES BLANCS ! UN GENRE DE BRIGADES INTERNATIONALES COMME ILS DISAIENT DANS LES JOURNAUX. DES FANATIQUES, MOI, JE DIS, DES TERRORISTES. ALORS LÀ, ÇA A CHIÉ UN MAX, PIRE QU'À DIÊN BIÊN PHU...
VOUS CONNAISSEZ DIÊN BIÊN PHU ? AU TONKIN. UN PUTAIN DE CASSE-PIPE !
MÊME LE CORPS DU GRAND CHARLES, ON N'A PAS PU LE RAPATRIER... ÇA PÉTAIT DANS TOUS LES COINS !! PAS SEULEMENT PARIS, HEIN ! LYON, BORDEAUX, MARSEILLE ! SANS COMPTER QUE CES BLEUS BITES DU CONTINGENT, Y Z'ONT MIS LA CROSSE EN L'AIR ! LE BORDEL, QUOI.
VOUS SAVEZ PAS ? MÊME QU'ON A DIT QUE DANS LEURS BRIGADES DE MÉTÈQUES, Y A EU DES VEDETTES QUI SONT VENUES FAIRE LE COUP DE FEU... DES HIPPIES, DES DROGUÉS, DES PÉDÉS, TOUS LES LOQUEDUS DES DEUX HÉMISPHÈRES...
JIM MORRISON, VOUS CONNAISSEZ ?
NON.
UN RICAIN, GENRE BLOUSON NOIR, MAIS RICAIN QUOI. BEN, IL A CANÉ À DEUX RUES D'ICI. 2 BASTOS DANS LE BUFFET, UNE DANS LA TRONCHE. BIEN FAIT, OÙ EST-CE QU'Y SE CROYAIT, CELUI-LÀ ? EN NORMANDIE ?
AU BOUT D'UN AN DE BASTON ET D'UNE RIBAMBELLE DE MACCHABÉES, L'ONU A COMMENCÉ À VOULOIR FOUTRE SON NEZ DANS NOS HISTOIRES...
L'ONU, NON MAIS JE VOUS JURE, COMME SI ON N'ÉTAIT PAS CAPABLES DE SE FOUTRE SUR LA GUEULE ENTRE NOUS !
ET C'EST LÀ QUE LES COCOS, Y Z'ONT FAIT LA GROSSE BOULETTE ! Y Z'ONT APPELÉ LES COSAQUES, L'ARMÉE ROUGE, OUI, MÔÔÔSIEUR !
LÀ, LES AMERLOQUES, Y Z'AVAIENT BEAU ÊTRE DANS LE MERDIER JUSQU'AU COU AU VIETNAM, ÇA LEUR EST RESTÉ COINCÉ QUELQUE PART...

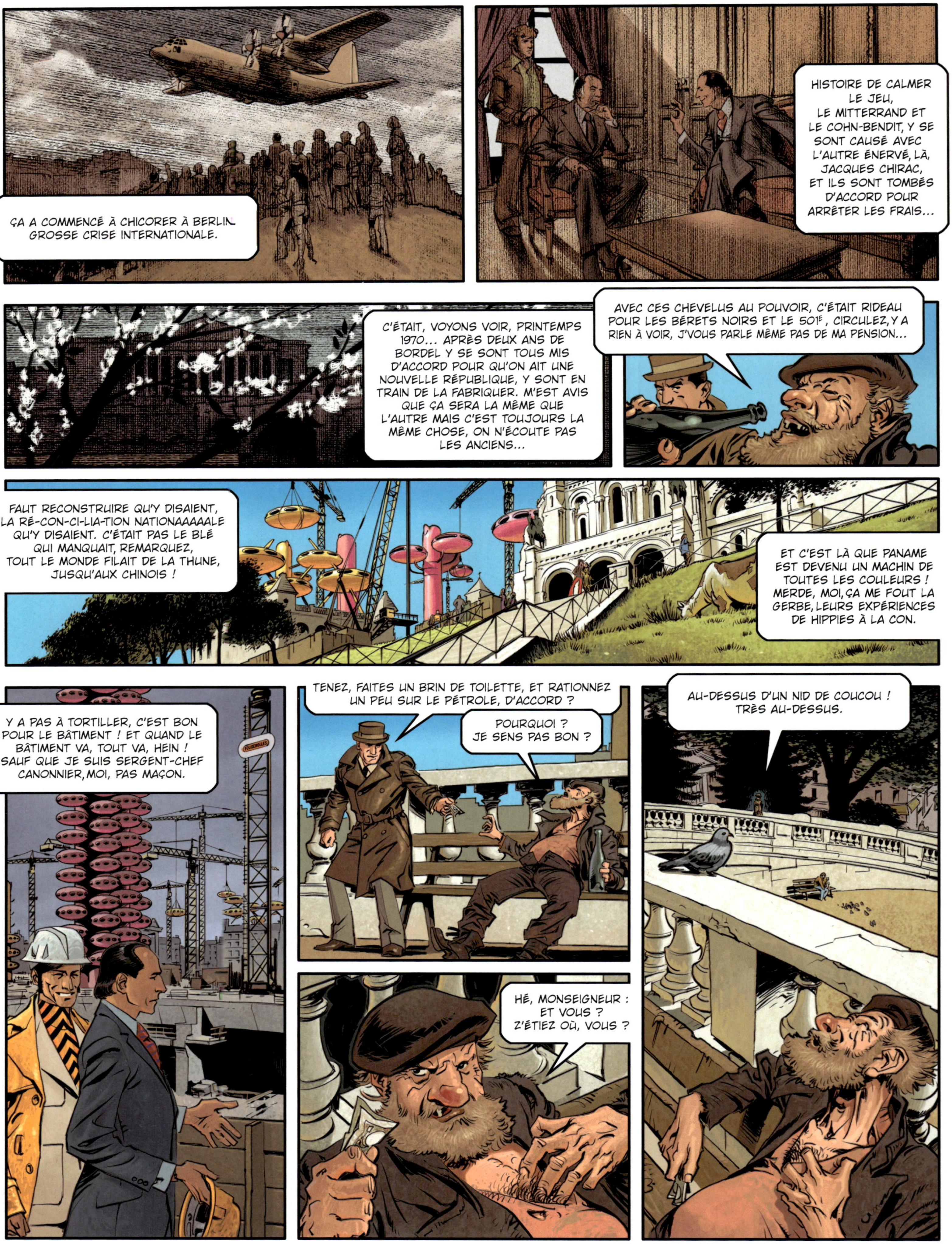
ÇA A COMMENCÉ À CHICORER À BERLIN. GROSSE CRISE INTERNATIONALE.
HISTOIRE DE CALMER LE JEU, LE MITTERRAND ET LE COHN-BENDIT, Y SE SONT CAUSÉ AVEC L'AUTRE ÉNERVÉ, LÀ, JACQUES CHIRAC, ET ILS SONT TOMBÉS D'ACCORD POUR ARRÊTER LES FRAIS...
C'ÉTAIT, VOYONS VOIR, PRINTEMPS 1970... APRÈS DEUX ANS DE BORDEL Y SE SONT TOUS MIS D'ACCORD POUR QU'ON AIT UNE NOUVELLE RÉPUBLIQUE, Y SONT EN TRAIN DE LA FABRIQUER. M'EST AVIS QUE ÇA SERA LA MÊME QUE L'AUTRE MAIS C'EST TOUJOURS LA MÊME CHOSE, ON N'ÉCOUTE PAS LES ANCIENS...
AVEC CES CHEVELUS AU POUVOIR, C'ÉTAIT RIDEAU POUR LES BÉRETS NOIRS ET LE 501E, CIRCULEZ, Y A RIEN À VOIR, J'VOUS PARLE MÊME PAS DE MA PENSION...
FAUT RECONSTRUIRE QU'Y DISAIENT, LA RÉ-CON-CI-LIA-TION NATIONAAAAALE QU'Y DISAIENT. C'ÉTAIT PAS LE BLÉ QUI MANQUAIT, REMARQUEZ, TOUT LE MONDE FILAIT DE LA THUNE, JUSQU'AUX CHINOIS !
ET C'EST LÀ QUE PANAME EST DEVENU UN MACHIN DE TOUTES LES COULEURS ! MERDE, MOI, ÇA ME FOUT LA GERBE, LEURS EXPÉRIENCES DE HIPPIES À LA CON.
Y A PAS À TORTILLER, C'EST BON POUR LE BÂTIMENT ! ET QUAND LE BÂTIMENT VA, TOUT VA, HEIN ! SAUF QUE JE SUIS SERGENT-CHEF CANONNIER, MOI, PAS MAÇON.
TENEZ, FAITES UN BRIN DE TOILETTE, ET RATIONNEZ UN PEU SUR LE PÉTROLE, D'ACCORD ?
POURQUOI ? JE SENS PAS BON ?
HÉ, MONSEIGNEUR : ET VOUS ? Z'ÉTIEZ OÙ, VOUS ?
AU-DESSUS D'UN NID DE COUCOU ! TRÈS AU-DESSUS.

C'EST TRÈS CALME DANS L'OUEST PARISIEN CE SOIR, PHILIPPE ! PRESQUE UN RETOUR À LA NORMALE !
OUI, MONSIEUR, C'EST TRÈS CALME.
COMME DIT LE POÈTE : "VENEZ ARMÉ, L'ENDROIT EST DÉSERT."
NOUS Y SOMMES !
MONSIEUR VOUS ATTEND, VOUS CONNAISSEZ LE CHEMIN !
QUELLE HORREUR, CETTE EXTENSION !
SI JE PUIS ME PERMETTRE, MONSIEUR, MONSIEUR A MILLE FOIS RAISON. C'EST BIEN LA PEINE D'ÊTRE L'ENTREPRENEUR EN BÂTIMENT LE PLUS EN VUE DE PARIS !
TRÈS CHER RENÉ !
BONSOIR, FOUGEROLLES !

L'EXTENSION, C'EST POUR LES POMMES DE LA COMMUNE, IL LEUR FAUT DU MODERNE, À CES TANCHES, ÇA LES MET EN CONFIANCE. TU VAS RIRE MAIS JE VAIS MÊME INVESTIR DANS UNE GALERIE D'ART CONTEMPORAIN, PAR LES TEMPS QUI COURENT ÇA RAPPORTE PLUS QUE L'EMPRUNT NATIONAL DE RECONSTRUCTION !
À PROPOS D'ARGENT, FOUGEROLLES...
COMPRIS, COMBIEN ?
L'ÉQUIVALENT DE 20 MILLIONS D'AVANT 68, EN NAPOLÉONS...
LA VACHE, TU ME PRENDS POUR LA BANQUE DE FRANCE...
TRÈS DRÔLE, FOUGEROLLES. N'OUBLIE PAS QUE JUSQU'À PRÉSENT TU N'AS JAMAIS EU À LE REGRETTER !
C'EST PLUS DES ÉLECTIONS, C'EST LA CONSTRUCTION DE LA SIXTINE ! TES COPAINS DE LA CONSTITUANTE SONT DRÔLEMENT GOURMANDS !
CE N'EST PAS DIRECTEMENT LIÉ AUX ÉLECTIONS... ÉCOUTE, MOINS TU EN SAURAS...
C'EST LA SECONDE FOIS QUE TU ME DIS ÇA...

FOUGEROLLES
LA PREMIÈRE FOIS, C'ÉTAIT EN AVRIL 1969...
MONTEZ, VITE !!
CE COUP-CI C'EST FOUTU, JE SUIS RUINÉ ! MERCI DE NOUS AVOIR SECOURUS, RENÉ.
C'EST LA MOINDRE DES CHOSES, ENTRE COMPAGNONS. LE GÉNÉRAL EST MORT, MAIS UN JOUR OU L'AUTRE IL FAUDRA RECONSTRUIRE LE PAYS, FAIS-MOI CONFIANCE.
PAS MOI, JE N'AI PLUS RIEN.
TU ES COMPÉTENT. ÉCOUTE-MOI, J'AI DES AMIS QUI POURRAIENT T'AIDER, EN ATTENDANT QUE CETTE CHIENLIT S'ARRÊTE. 100 MILLIONS POUR REDÉMARRER, ÇA IRA ?
100 PLAQUES, MERDE, T'AS DES AMIS EN FONDS. D'OÙ VIENT L'ARGENT ?
MOINS TU EN SAURAS, MIEUX SE PORTERA L'ENTREPRISE FOUGEROLLES.

20 MILLIONS OR, ILS SONT À TOI.
FAÇON DE PARLER, FOUGEROLLES. TANT QUE LE CORPS DU GÉNÉRAL NE SERA PAS RENTRÉ D'ALLEMAGNE ET ENTERRÉ AU PANTHÉON OU À COLOMBEY, L'ARGENT N'AURA AUCUNE IMPORTANCE. C'EST POUR LA CAUSE, COMPAGNON, POUR LE REDRESSEMENT DE LA FRANCE.
DIS-TOI QUE C'EST POUR LE GÉNÉRAL...
POUR LE GÉNÉRAL, RENÉ, ET POUR LA FRANCE ! J'ESPÈRE QU'IL N'EST PAS TROP TARD. CES SALOPARDS QUI ONT LÉGALISÉ L'AVORTEMENT ET LES DROGUES DOUCES, ABOLI LA PEINE DE MORT, IL FAUT QUE ÇA CESSE ! QUE CET ARGENT SERVE À ARRÊTER TOUT ÇA...
NOUS Y TRAVAILLONS, FOUGEROLLES, N'AIE AUCUNE CRAINTE. BIENTÔT MAI 68 NE SERA PLUS QU'UN MAUVAIS SOUVENIR.
MES AMITIÉS À LUCIENNE.
À LA MAISON, PHILIPPE.
BIEN, MONSIEUR.

EVE EVE EVE
SPHINX
NARCISSE
PIGALL'S
CABARET
PIGALL'S
HÔTEL DES

SI VOUS POUVIEZ PARLER PLUS BAS, S'IL VOUS PLAÎT.
VOUS ÊTES SOUS SURVEILLANCE ? VOUS VOULEZ QU'ON BOUGE ??
MAIS NON, SOMBRE CRÉTIN, J'AI LA GUEULE DE BOIS, VOUS N'IMAGINEZ PAS CE QUE CES DINGUES PEUVENT S'ENFILER. BON, JE VOUS ÉCOUTE.
VOTRE RAPPORT SUR LES FORCES DE GAUCHE EN PRÉSENCE A FAIT DU BRUIT. J'AI REÇU DE NOUVEAUX ORDRES...
QUOI QU'EN DISENT LES MODÉRÉS DU GOUVERNEMENT PROVISOIRE, NOS ANALYSTES ESTIMENT QUE LA SITUATION EST TOUJOURS AUSSI EXPLOSIVE.
PEACE
LE DIRECTEUR DES PLANS VEUT QU'ON INVESTISSE DANS UN HOMME D'AVENIR, UN HOMME SANS AMBIGUÏTÉ... UN HOMME DE DROITE QUI SAURA PROTÉGER NOS INTÉRÊTS ET CEUX DU MONDE LIBRE.
POMPIDOU EST EN EXIL EN SUISSE DANS UNE GALERIE D'ART, CHABAN-DELMAS S'EST RETIRÉ DU CÔTÉ DE BORDEAUX ET REFUSE DE VENIR DÉLIVRER PARIS UNE SECONDE FOIS...
GISCARD D'ESTAING A ACCEPTÉ UN POSTE DE DIRECTEUR DANS UNE FILIÈRE D'IBM, ON NE COMPTE PLUS SES MAÎTRESSES...
POURQUOI VOULEZ-VOUS QU'IL REVIENNE DANS CE MERDIER ?

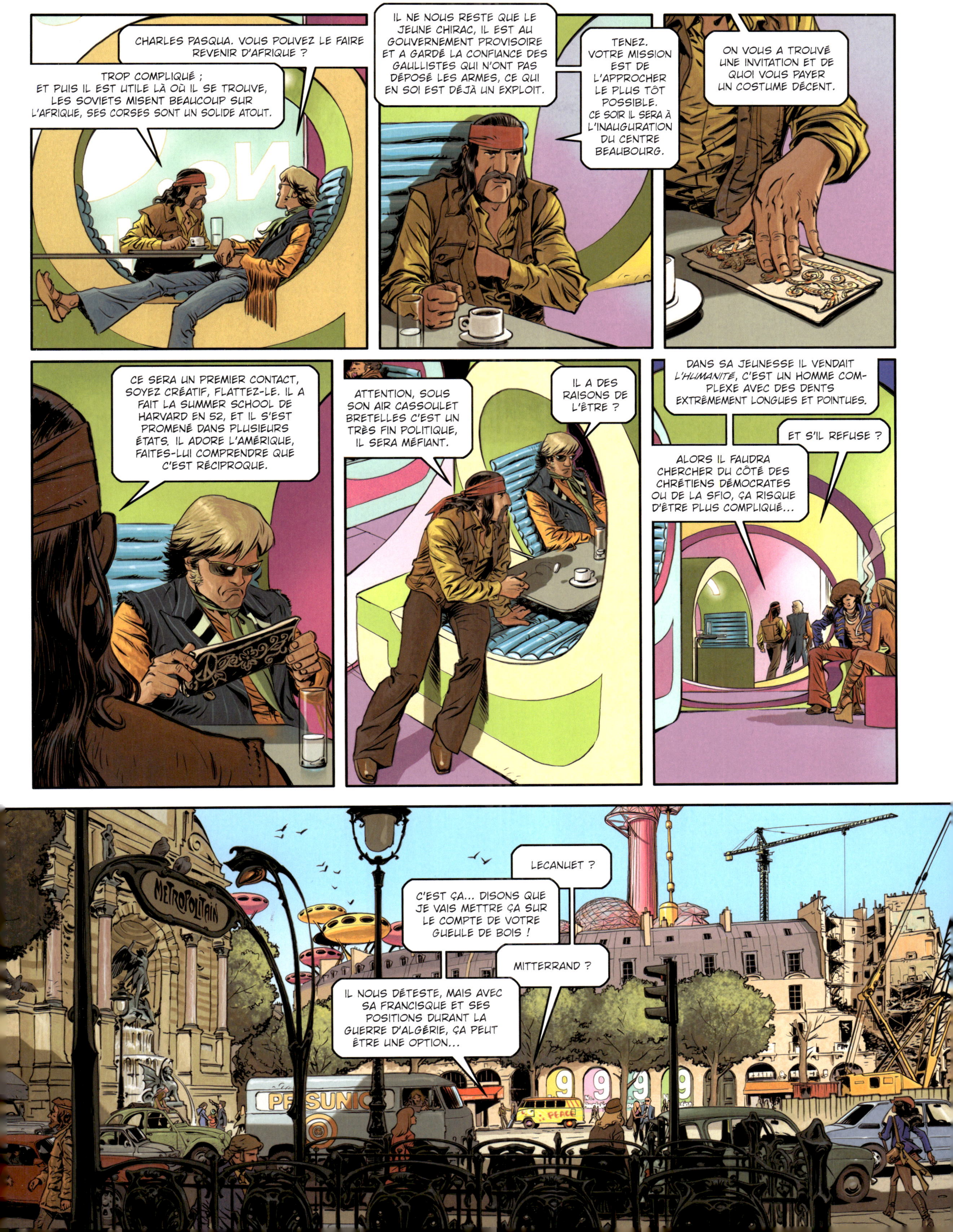
CHARLES PASQUA. VOUS POUVEZ LE FAIRE REVENIR D'AFRIQUE ?
TROP COMPLIQUÉ ; ET PUIS IL EST UTILE LÀ OÙ IL SE TROUVE, LES SOVIETS MISENT BEAUCOUP SUR L'AFRIQUE, SES CORSES SONT UN SOLIDE ATOUT.
IL NE NOUS RESTE QUE LE JEUNE CHIRAC, IL EST AU GOUVERNEMENT PROVISOIRE ET A GARDÉ LA CONFIANCE DES GAULLISTES QUI N'ONT PAS DÉPOSÉ LES ARMES, CE QUI EN SOI EST DÉJÀ UN EXPLOIT.
TENEZ. VOTRE MISSION EST DE L'APPROCHER LE PLUS TÔT POSSIBLE. CE SOIR IL SERA À L'INAUGURATION DU CENTRE BEAUBOURG.
ON VOUS A TROUVÉ UNE INVITATION ET DE QUOI VOUS PAYER UN COSTUME DÉCENT.
CE SERA UN PREMIER CONTACT, SOYEZ CRÉATIF, FLATTEZ-LE. IL A FAIT LA SUMMER SCHOOL DE HARVARD EN 52, ET IL S'EST PROMENÉ DANS PLUSIEURS ÉTATS. IL ADORE L'AMÉRIQUE, FAITES-LUI COMPRENDRE QUE C'EST RÉCIPROQUE.
ATTENTION, SOUS SON AIR CASSOULET BRETELLES C'EST UN TRÈS FIN POLITIQUE, IL SERA MÉFIANT.
IL A DES RAISONS DE L'ÊTRE ?
DANS SA JEUNESSE IL VENDAIT *L'HUMANITÉ*, C'EST UN HOMME COMPLEXE AVEC DES DENTS EXTRÊMEMENT LONGUES ET POINTUES.
ET S'IL REFUSE ?
ALORS IL FAUDRA CHERCHER DU CÔTÉ DES CHRÉTIENS DÉMOCRATES OU DE LA SFIO, ÇA RISQUE D'ÊTRE PLUS COMPLIQUÉ...
METROPOLITAIN
LECANUET ?
C'EST ÇA... DISONS QUE JE VAIS METTRE ÇA SUR LE COMPTE DE VOTRE GUEULE DE BOIS !
MITTERRAND ?
IL NOUS DÉTESTE, MAIS AVEC SA FRANCISQUE ET SES POSITIONS DURANT LA GUERRE D'ALGÉRIE, ÇA PEUT ÊTRE UNE OPTION...
PEACE

VOUS ÊTES TOUT À FAIT CERTAIN QUE CES EXERCICES DE THÉRAPIE PEINTURE SERVENT À QUELQUE CHOSE ?
MAIS OUI, FRANÇOIS, TU VAS VOIR : C'EST POUR SE RETIRER LE STRESS...
J'AI PASSÉ L'ÂGE DE JOUER AVEC DE LA PEINTURE, DANY !
C'EST L'IMAGINATION AU POUVOIR, FRANÇOIS !
C'EST BIEN LE PROBLÈME, CES DERNIERS TEMPS, IL Y A BEAUCOUP TROP DE MONDE AU POUVOIR !
TU AS PU TE RENSEIGNER SUR CE QUI S'EST PASSÉ LE 31 MAI 68 À LA STATION PALAIS-ROYAL, SERGE ?
À LA STATION PALAIS-ROYAL RIEN...
MAIS À 300 M DE LÀ, 200 MILLIONS DE FRANCS SORTENT DE LA BANQUE DE FRANCE, PORTÉS PAR LE DIRECTEUR ADJOINT FRAPPIER ET TROIS AGENTS...
QUI AVAIT AUTORISÉ LE TRANSFERT ?
ORDRE DIRECT DE L'ÉLYSÉE. PASSÉ LE 28 MAI PAR LE GÉNÉRAL EN PERSONNE. TRÈS PEU DE GENS DEVAIENT ÊTRE AU COURANT AU CABINET...
OK, JE COMMENCE À VOIR, ENSUITE ?
ENSUITE, TOUJOURS RIEN...
À 5H12, PARIS S'ÉVEILLE, FRAPPIER ET SES TYPES DESCENDENT LES SACS DANS LE MÉTRO. ENSUITE, C'EST CONFUS, UN COMMANDO LES ATTAQUE, ON RETROUVE LE MÉTRO CRIBLÉ DE BALLES, DES MEMBRES DE LA SÉCURITÉ TUÉS ET BLESSÉS...
ON N'A AUCUNE TRACE ÉCRITE DU TÉMOIGNAGE DE FRAPPIER NI DE SES AGENTS...
ET AUCUNE TRACE NON PLUS DES 200 MILLIONS.
NATURELLEMENT.

LE 29, LE GRAND CHARLES AVAIT RATÉ UNE MARCHE EN HÉLICO, TU AS OUBLIÉ ?
ET PERSONNE NE CHERCHE À SAVOIR CE QU'ILS SONT DEVENUS ?
PAS MAL, ÇA !
ET LE 10 JUIN LES PREMIERS AMX SONT SIGNALÉS À LA PORTE SAINT-OUEN. L'ÉPOQUE N'ÉTAIT PAS À LA RECHERCHE DES EMPLOYÉS DE BANQUE, N'IMPORTE COMMENT IL N'Y AVAIT PLUS DE BANQUES...
JE VOIS, MERCI, SERGE.
UNE DERNIÈRE CHOSE. LA "GROSSE CAISSE", C'ÉTAIT LE SURNOM DU MÉTRO TRANSPORTEUR DE FONDS, VOUS AVEZ PEUT-ÊTRE VU LE FILM AVEC BOURVIL, EN 65 ?
EN 65, J'ÉTAIS EN CAMPAGNE ÉLECTORALE, J'ALLAIS PEU AU CINÉMA...
ET MAINTENANT ?
MAINTENANT ON SAIT CE QUE VEUT NOTRE HOMME, 20 MILLIONS DE FRANCS, 10% DU MAGOT...
ON PEUT PAYER EN TROIS FOIS ? PARCE QUE LÀ, TOUT DE SUITE, ÇA VA FAIRE JUSTE, NAN ?

18 h 55, chantier de la cité cratère de la plaine Saint-Denis...
CRATÈRE SAINT-DENIS
A1
CANYON N° 2
Parking - Plateau artificiel B - Cratère résidentiel A - B
CRATÈRE LA COURNEUVE
TOUTES DIRECTIONS
CHANTIER INTERDIT AU PUBLIC
JE ME GARE, MONSIEUR ?
OUI.
J'AI VU, PHILIPPE. VOUS VENEZ AVEC MOI. PAS DE PROVOCATION, NE MONTREZ VOTRE ARME QU'EN CAS DE STRICTE NÉCESSITÉ.
LÀ-HAUT, MONSIEUR.

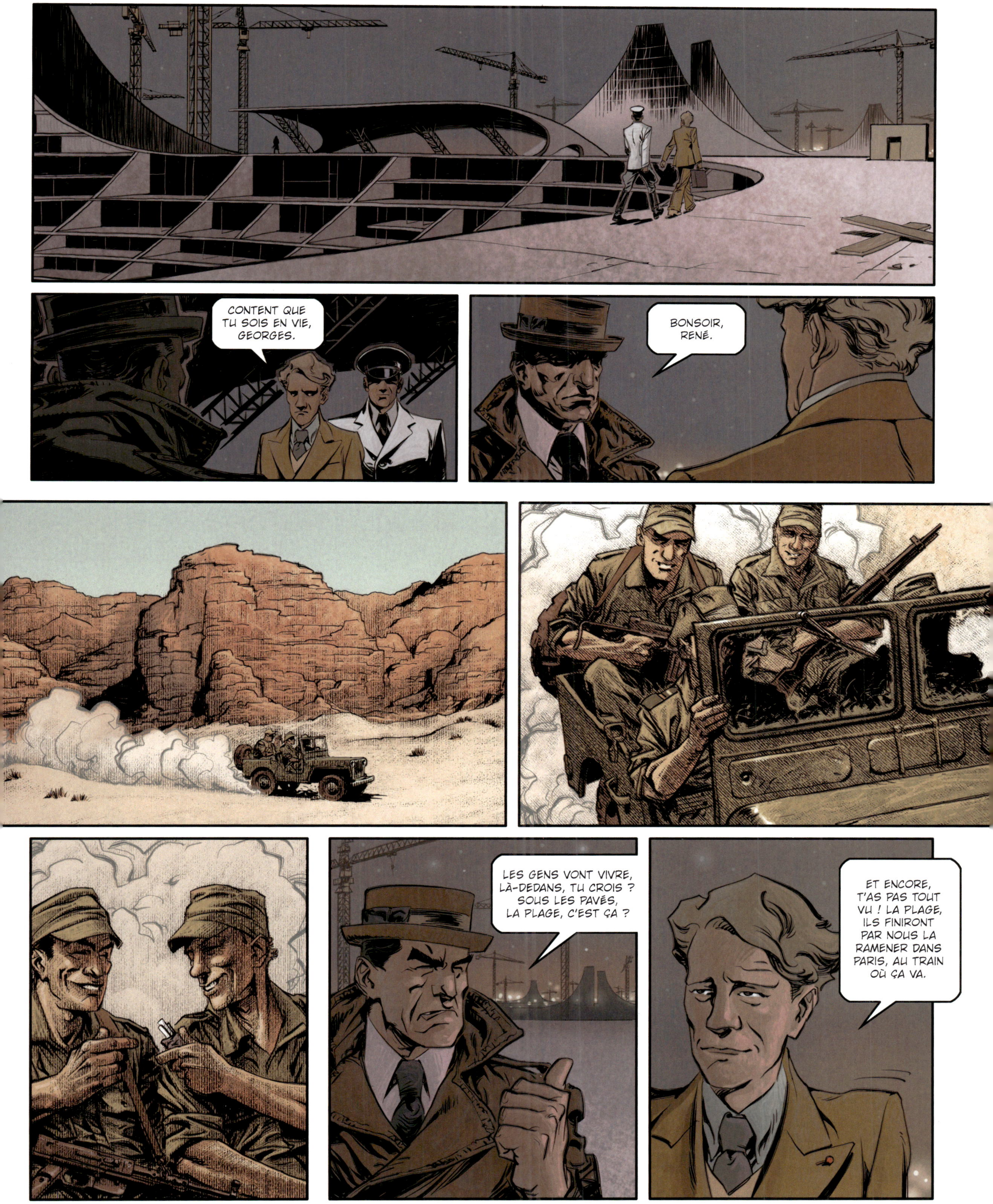
CONTENT QUE TU SOIS EN VIE, GEORGES.
BONSOIR, RENÉ.
LES GENS VONT VIVRE, LÀ-DEDANS, TU CROIS ? SOUS LES PAVÉS, LA PLAGE, C'EST ÇA ?
ET ENCORE, T'AS PAS TOUT VU ! LA PLAGE, ILS FINIRONT PAR NOUS LA RAMENER DANS PARIS, AU TRAIN OÙ ÇA VA.

TON OR, EN NAPOLÉONS. AU COURS DE CE MATIN, ÇA TE FAIT UN PEU PLUS DE 20 MILLIONS...
RECULE DE QUATRE PAS, RENÉ.
JE NE SAVAIS PAS QUE TU ÉTAIS EN VIE, PAROLE ! DRUMONT A DIT QUE TU ÉTAIS MORT.
C'EST PAS DRUMONT QUI A DÉCIDÉ TOUT SEUL DE ME LAISSER CREVER AU FOND D'UN ASILE.
APRÈS LE BAROUD, LE DJEBEL ! MERDE, GEORGES, RÉFLÉCHIS !
TU VEUX SAVOIR COMMENT J'EN SUIS SORTI ?
IL EST ARMÉ, MONSIEUR !
BLAM
BLAM

ON SE RETROUVE PLUS TARD, LES FILLES, J'AI UN RENDEZ-VOUS !

CONSEILLER CHIRAC ?
OUI.
BOB WOODWARD, WASHINGTON POST.
JE CROIS QUE NOUS AVONS UNE AMIE COMMUNE...
AH, MAIS C'EST TOUT À FAIT POSSIBLE !
PARDON, MONSIEUR LE CONSEILLER, JE DOIS VOUS FAIRE PART D'UNE INFORMATION IMPORTANTE.
J'ADORE L'AMÉRIQUE, ON SE VOIT TOUT À L'HEURE !
L'ENQUÊTE SUR LA MORT DU JOURNALISTE DRUMONT NOUS A AMENÉS SUR LA PISTE D'UN VOL À MAIN ARMÉE...
UN BRAQUAGE ? OÙ ? QUAND ?
DURANT LE MOIS DE MAI 68, LE 31, JUSTE APRÈS LA MORT DE DE GAULLE. IL...
?!
QUE VOULEZ-VOUS ?

TOI, FRANÇOIS MITTERRAND, JE T'ACCUSE D'AVOIR ASSASSINÉ LES IDÉAUX DU PRINTEMPS 68.
COMPLICE DU SUPPÔT DE LA RÉACTION CHIRAC,
TU VAS RECONSTRUIRE L'ORDRE ANCIEN, CELUI QUI T'A ENFANTÉ, ÉLEVÉ, DÉCORÉ, RASSASIÉ...
ET QUE TU PRÉTENDAIS COMBATTRE IL Y A ENCORE QUELQUES SEMAINES.
HONTE À TOI, MITTERRAND !
QUE LES GUILLOTINÉS D'ALGÉRIE T'ACCOMPAGNENT JUSQUE DANS TES ULTIMES CAUCHEMARS !
ALLONS, MON VIEUX... TOUT DOUX, ON SE CALME !
QUE LES CRIS DES ENFANTS PERDUS DE 1970 TE HANTENT À JAMAIS, CAR ILS SERONT MORTS POUR RIEN, À CAUSE DE TOI !
ÇA VOUS FAIT RIRE, MONSIEUR LE CONSEILLER ?
PIERROT LE FOU N'A PAS TOUT À FAIT TORT, NON ?
REVENONS À CE VOL DE 200 MILLIONS DE FRANCS. UNE SOMME QUE DE GAULLE VOULAIT DÉTOURNER POUR NE PAS SE RETROUVER SANS UN SOU COMME DU TEMPS DE LA FRANCE LIBRE.
VOUS N'ÉTIEZ PAS QU'UN SIMPLE SECRÉTAIRE À L'EMPLOI, VOUS ÉTIEZ TRÈS PROCHE DE POMPIDOU.
NE NIEZ PAS, JE SAIS QUE VOUS AVEZ TENTÉ DE NÉGOCIER AVEC LES SYNDICATS, JE SAIS MÊME QUE VOUS ÉTIEZ ARMÉ.
ET ALORS ?
ALORS, VOUS ÉTIEZ PEUT-ÊTRE AUSSI AU COURANT POUR LES 200 MILLIONS ET LA MORT DU GÉNÉRAL, DÈS LE 28 MAI...
ET ALORS ?
ALORS, RIEN, MONSIEUR LE CONSEILLER.

JACQUES, OÙ ÉTIEZ-VOUS, C'EST PLEIN DE GAUCHISTES TRÈS SALES QUI VEULENT PRATIQUER L'AMOUR LIBRE AVEC MOI, ICI !
PAR ICI, MONSIEUR LE SECRÉTAIRE, VOUS ÉVITEREZ LA FOUILLE !
RENÉ.
RENÉ !
IL FAUT QUE JE TE PARLE !
MOI AUSSI ! DESCENDONS AUX RÉSERVES, ON Y SERA TRANQUILLES.

MITTERRAND EST AU COURANT POUR LE BRAQUAGE DE LA GROSSE CAISSE, DELPÉRIER A PARLÉ, RENÉ !
TU LUI AS DONNÉ SON FRIC ?
JE SAIS, JACQUES, JE SUIS DÉSOLÉ...
TU L'AS PAYÉ, *OUI OU NON ?*
BONSOIR, JACQUES.

SELON UNE SOURCE ANONYME, NOTRE MAÎTRE CHANTEUR POURRAIT ÊTRE GEORGES DELPÉRIER, UN SOLDAT PERDU...
1ER RÉGIMENT DE CHASSEURS PARACHUTISTES, PASSE EN COUR MARTIALE EN OCTOBRE 61, CONDAMNÉ À 10 ANS DE FORTERESSE, S'ÉVADE LORS D'UN TRANSFERT, DISPARAÎT DES ÉCRANS RADARS.
OAS, ET ALORS ?
OÙ ÇA DEVIENT INTÉRESSANT, C'EST QU'IL A SERVI À TLEMCEN, PLUS PRÉCISÉMENT AU POSTE DE SOUK EL-ARBA EN COMPAGNIE DU 6E RÉGIMENT DE CHASSEURS D'AFRIQUE.
QUAND TU FAIS CETTE TÊTE, SERGE, C'EST QUE TU AS TROUVÉ AUTRE CHOSE.
J'AI RETROUVÉ DES ANCIENS DU 6E RCA. CERTAINS SE SOUVIENNENT DE DELPÉRIER MAIS ILS M'ONT TOUS PARLÉ DE QUELQU'UN D'AUTRE, UN LIEUTENANT QUI A EFFECTUÉ SON SERVICE D'APPELÉ EN LEUR COMPAGNIE DE MAI 56 À JUIN 57...
CE FAMEUX LIEUTENANT DU 6E RCA S'APPELAIT JACQUES CHIRAC !

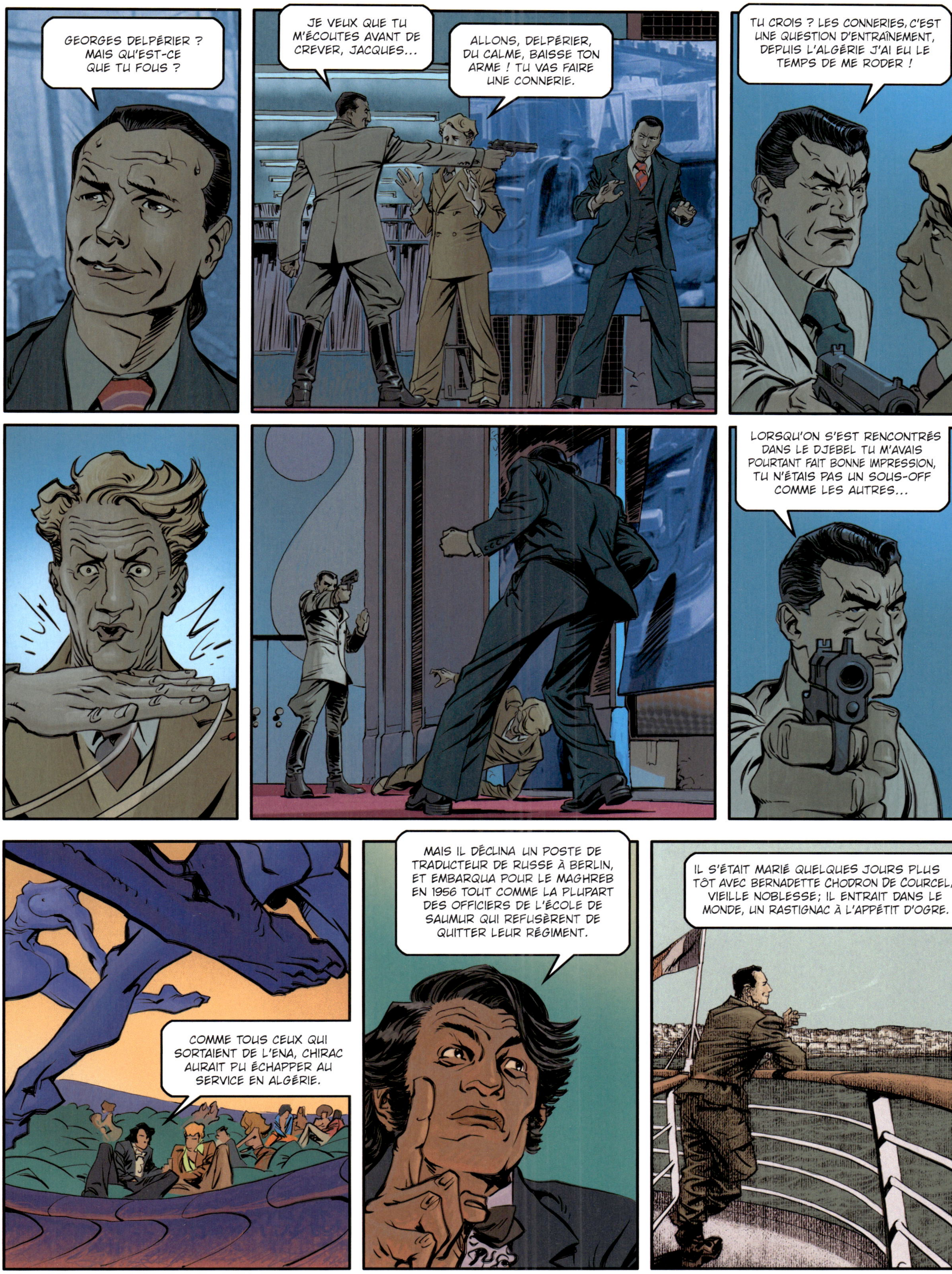
GEORGES DELPÉRIER ? MAIS QU'EST-CE QUE TU FOUS ?
JE VEUX QUE TU M'ÉCOUTES AVANT DE CREVER, JACQUES...
ALLONS, DELPÉRIER, DU CALME, BAISSE TON ARME ! TU VAS FAIRE UNE CONNERIE.
TU CROIS ? LES CONNERIES, C'EST UNE QUESTION D'ENTRAÎNEMENT, DEPUIS L'ALGÉRIE J'AI EU LE TEMPS DE ME RODER !
LORSQU'ON S'EST RENCONTRÉS DANS LE DJEBEL TU M'AVAIS POURTANT FAIT BONNE IMPRESSION, TU N'ÉTAIS PAS UN SOUS-OFF COMME LES AUTRES...
COMME TOUS CEUX QUI SORTAIENT DE L'ENA, CHIRAC AURAIT PU ÉCHAPPER AU SERVICE EN ALGÉRIE.
MAIS IL DÉCLINA UN POSTE DE TRADUCTEUR DE RUSSE À BERLIN, ET EMBARQUA POUR LE MAGHREB EN 1956 TOUT COMME LA PLUPART DES OFFICIERS DE L'ÉCOLE DE SAUMUR QUI REFUSÈRENT DE QUITTER LEUR RÉGIMENT.
IL S'ÉTAIT MARIÉ QUELQUES JOURS PLUS TÔT AVEC BERNADETTE CHODRON DE COURCEL, VIEILLE NOBLESSE; IL ENTRAIT DANS LE MONDE, UN RASTIGNAC À L'APPÉTIT D'OGRE.

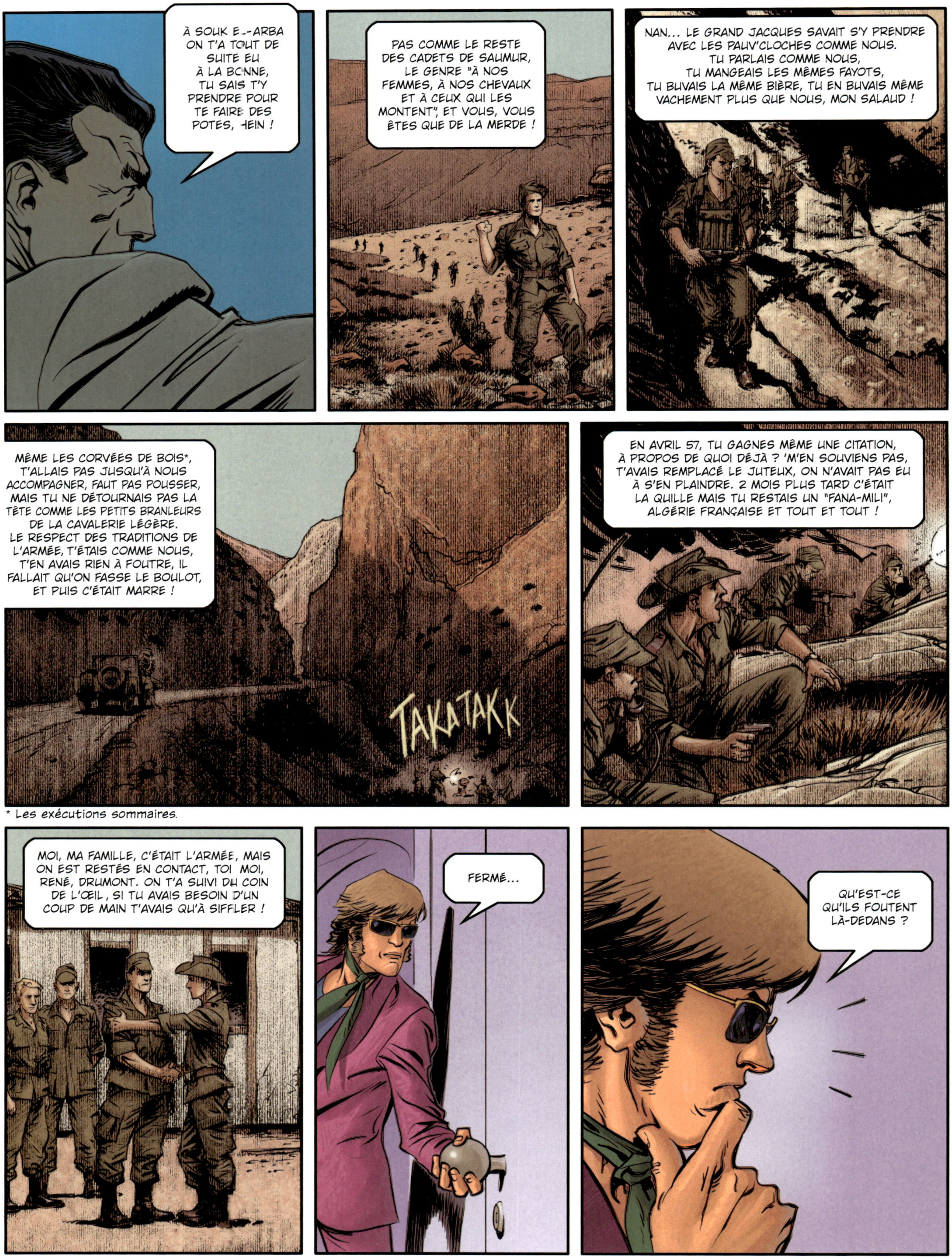

* Les exécutions sommaires.

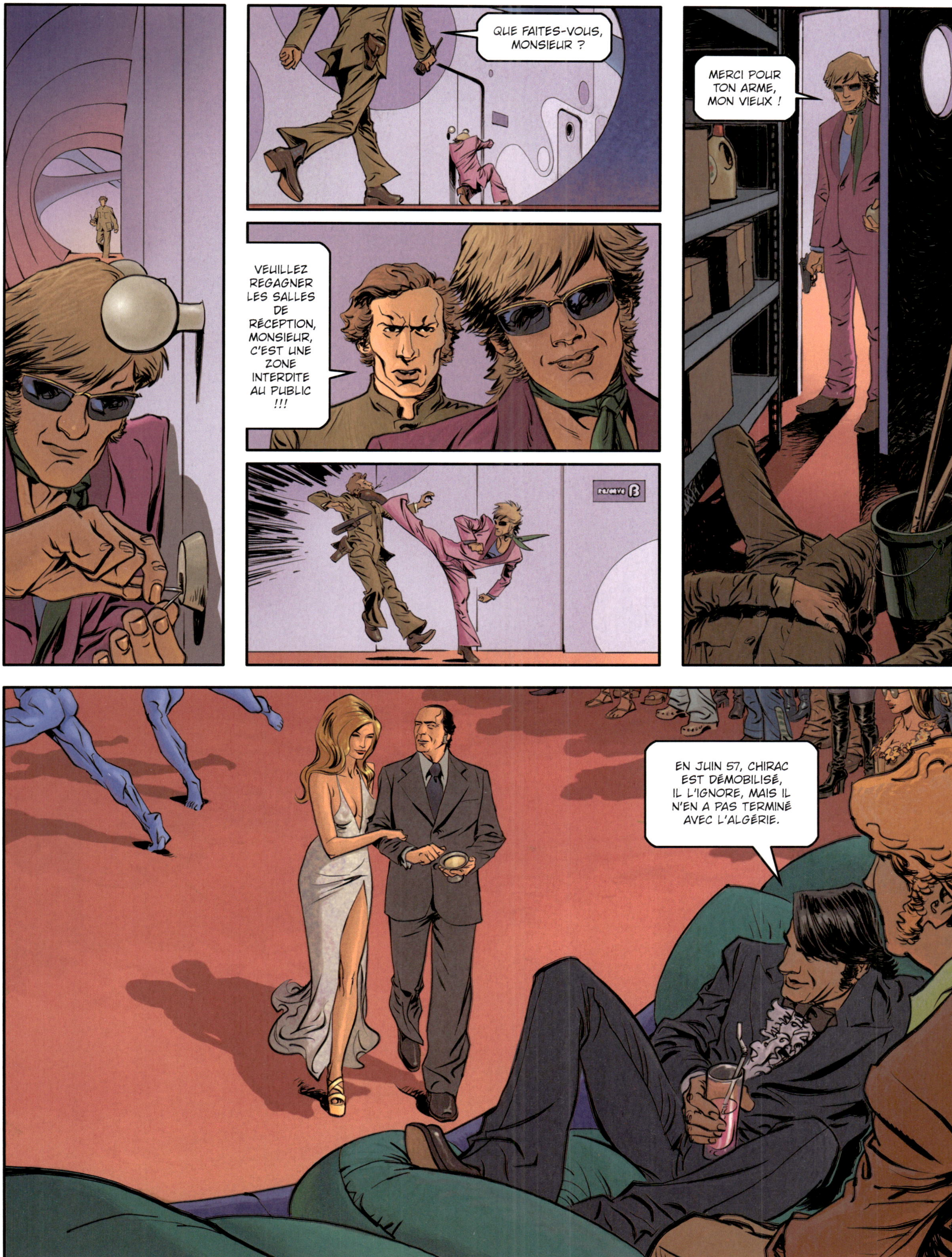
QUE FAITES-VOUS, MONSIEUR ?
VEUILLEZ REGAGNER LES SALLES DE RÉCEPTION, MONSIEUR, C'EST UNE ZONE INTERDITE AU PUBLIC !!!
MERCI POUR TON ARME, MON VIEUX !
EN JUIN 57, CHIRAC EST DÉMOBILISÉ, IL L'IGNORE, MAIS IL N'EN A PAS TERMINÉ AVEC L'ALGÉRIE.

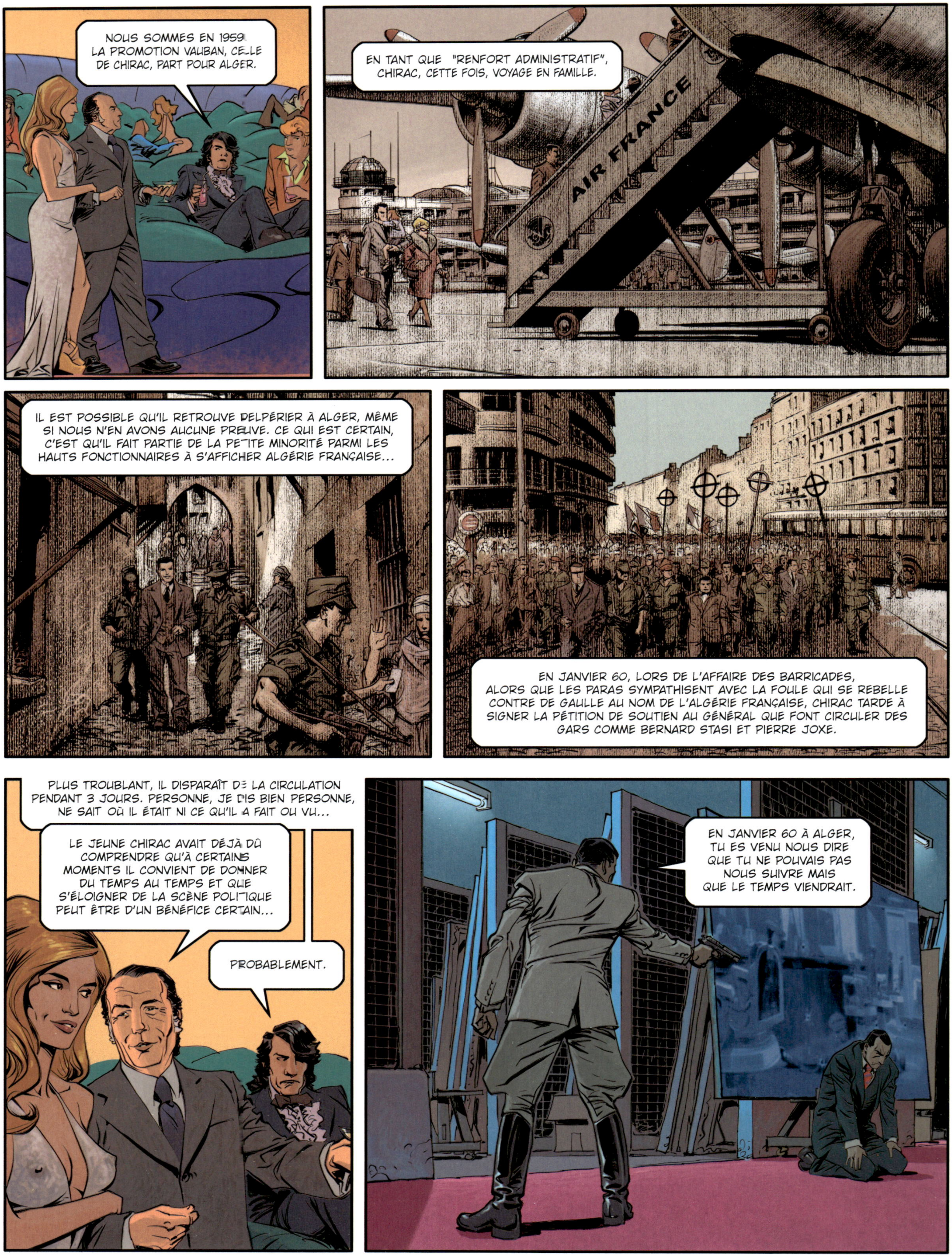
NOUS SOMMES EN 1959. LA PROMOTION VAUBAN, CELLE DE CHIRAC, PART POUR ALGER.
EN TANT QUE "RENFORT ADMINISTRATIF", CHIRAC, CETTE FOIS, VOYAGE EN FAMILLE.
AIR FRANCE
IL EST POSSIBLE QU'IL RETROUVE DELPÉRIER À ALGER, MÊME SI NOUS N'EN AVONS AUCUNE PREUVE. CE QUI EST CERTAIN, C'EST QU'IL FAIT PARTIE DE LA PETITE MINORITÉ PARMI LES HAUTS FONCTIONNAIRES À S'AFFICHER ALGÉRIE FRANÇAISE...
EN JANVIER 60, LORS DE L'AFFAIRE DES BARRICADES, ALORS QUE LES PARAS SYMPATHISENT AVEC LA FOULE QUI SE REBELLE CONTRE DE GAULLE AU NOM DE L'ALGÉRIE FRANÇAISE, CHIRAC TARDE À SIGNER LA PÉTITION DE SOUTIEN AU GÉNÉRAL QUE FONT CIRCULER DES GARS COMME BERNARD STASI ET PIERRE JOXE.
PLUS TROUBLANT, IL DISPARAÎT DE LA CIRCULATION PENDANT 3 JOURS. PERSONNE, JE DIS BIEN PERSONNE, NE SAIT OÙ IL ÉTAIT NI CE QU'IL A FAIT OU VU...
LE JEUNE CHIRAC AVAIT DÉJÀ DÛ COMPRENDRE QU'À CERTAINS MOMENTS IL CONVIENT DE DONNER DU TEMPS AU TEMPS ET QUE S'ÉLOIGNER DE LA SCÈNE POLITIQUE PEUT ÊTRE D'UN BÉNÉFICE CERTAIN...
PROBABLEMENT.
EN JANVIER 60 À ALGER, TU ES VENU NOUS DIRE QUE TU NE POUVAIS PAS NOUS SUIVRE MAIS QUE LE TEMPS VIENDRAIT.

QUE L'OAS NE POUVAIT PAS RÉUSSIR MAIS QUE NOUS AURIONS D'AUTRES OCCASIONS DE SERVIR LA FRANCE...
OAS, SAC, PEU IMPORTENT LES INITIALES, L'IMPORTANT, C'ÉTAIT D'OFFRIR DES SERVICES ET DE FACILITER LA CARRIÈRE DE CERTAINS AMIS, PAS VRAI ? CASSER UNE GRÈVE, COLLER DES AFFICHES À LA BARRE À MINE... À L'OCCASION RATONNER SUR LES BORDS DANS LES BIDONVILLES DE CRÉTEIL...
CGT
LES ANNÉES 60 À PARIS, TU TE SOUVIENS ? PENDANT QU'À LONDRES ÇA SWINGUAIT, À PARIS ÇA FLINGUAIT SÉVÈRE ! POUR LE GÉNÉRAL, CONTRE LA SÉDITION COMMUNISTE ! FAUT ADMETTRE QUE DE MON CÔTÉ, ÇA PAYAIT BIEN, RIEN À DIRE.
ET TOI QUI COMMENCES À FRÉQUENTER LES MINISTÈRES, JACQUES... TA PUTAIN DE CARRIÈRE ! COMME SUR DU VELOURS, "UN HOMME PRÉCIEUX CAPABLE DE TROUVER DES SOLUTIONS RAPIDES À DES PROBLÈMES COMPLIQUÉS", C'EST QUI DÉJÀ QUI A DIT ÇA ?
LORSQU'ON M'A CONTACTÉ LE 28 MAI 68, JE N'AI POSÉ AUCUNE QUESTION, COMME TOUJOURS DEPUIS ALGER. UN BRAQUAGE DANS LE MÉTRO, PAS MAL D'OSEILLE, D'OÙ ÇA POUVAIT VENIR, TOUT CE FRIC ? SUR LE MOMENT JE NE ME SUIS MÊME PAS DEMANDÉ...
JE TE FAISAIS ENCORE CONFIANCE, JACQUES, POURQUOI TU M'AS LAISSÉ TOMBER ?
CLAC

CHIRAC QUI RENCARDE DES ANCIENS DE L'OAS SUR UN CASSE FACILE EN MAI 68, T'AS AJOUTÉ QUOI À TON SODA, SERGE ?
C'EST ACADABRANTESQUE, GEORGES ! DRUMONT M'AVAIT DIT QUE TU ÉTAIS MORT !
LÂCHE TON ARME !
L'OAS FRAPPE OÙ ELLE VEUT, QUAND ELLE VEUT !
BLAM
BLAM
COUPS DE FEU AU SOUS-SOL DANS LA RÉSERVE B !

BLAM
BLAM
BLAM
BLAM
BLAM
ON NOUS SIGNALE UNE FUSILLADE AU SOUS-SOL, SURTOUT, MESSIEURS LES CONSEILLERS, NE BOUGEZ PAS D'ICI, VOUS ÊTES EN SÉCURITÉ.
C'EST CE QU'ON A DIT AUX SÉNATEURS AVANT QUE LES PARAS PRENNENT D'ASSAUT LE LUXEMBOURG !
OCCIDENT ! C'EST UN ATTENTAT DE L'EXTRÊME DROITE ! ON VA TOUS MOURIR !!!

AIDE-MOI À M'ASSEOIR, MON GARS.
TU TIRES COMME UNE GONZESSE OU TU VOULAIS M'AVOIR VIVANT ?
JE VOULAIS VOUS AVOIR VIVANT. QUI VOUS A PAYÉ POUR TUER LE CONSEILLER CHIRAC ? LES RUSSES, LES CHINOIS ?
LES REGRETS...
ENTRE SOLDATS TU PEUX M'ACCORDER UNE FAVEUR ? APPROCHE...
VA VOIR LE TOUBIB QUI M'A FAIT SORTIR DE L'ASILE... SON NOM, C'EST...

ET TU SAIS PAS QUI SONT LES 2 TYPES QUI ONT FILÉ LA VALOCHE À TA CONCIERGE ?
NAN.
ELLE M'A JUSTE DIT QU'ELLE AVAIT VU UNE DS CLAIRE VERS 7 HEURES DU SOIR, DEUX TYPES EN SONT SORTIS ET LUI ONT FILÉ LA VALISE AVEC MON NOM .. D'APRÈS MME MARTINEZ ILS AVAIENT L'AIR CRISPÉS.
SIMCA
ANTAR
SIROCCO
QU'EST-CE QUE JE VAIS FAIRE DE TOUT CE POGNON, WILLIAM ?
'SAIS PAS... AU DÉBUT ESSAYE DE NE PAS ACHETER TROIS ROLLS D'UN COUP. MAIS AVEC LE TEMPS, TU SAIS CE QU'ON DIT, L'ARGENT N'A PAS D'ODEUR, ET L'OR ENCORE MOINS, ET PUIS LA SUISSE A TOUJOURS DES COMPTES NUMÉROTÉS.

JIM MORRISON 1943–1969 MARTYR DE LA COMMUNE DE PARIS
REPOSE EN PAIX, JACQUES CHIRAC, QUE NOTRE-SEIGNEUR JÉSUS-CHRIST T'ACCUEILLE POUR LES SIÈCLES DES SIÈCLES.
MON CHER DANIEL, JE ME SUIS LAISSÉ DIRE QUE LA FIN DES TRAVAUX DE LA CONSTITUANTE ÉTAIT IMMINENTE, NOUS ALLONS ENFIN ÊTRE EN MESURE DE DONNER UN POUVOIR AUX FRANÇAIS !
FAUDRAIT ÊTRE SÛRS QU'ILS EN VEUILLENT UN... APRÈS TOUT, ÇA MARCHE PAS MAL COMME ÇA.
AH, DANY, JE VOUS EN SUPPLIE, NOUS N'ALLONS PAS RECOMMENCER, VOUS ÉTIEZ D'ACCORD, UNE CONSTITUTION, DES ÉLECTIONS LIBRES ET UN GOUVERNEMENT. IL FAUDRA D'AILLEURS PENSER À FAIRE ÉVACUER L'ÉLYSÉE, VOS AMIS DE VLR Y SONT TOUJOURS, N'EST-CE PAS ?
PARCE QUE LE FUTUR PRÉSIDENT HABITERA À L'ÉLYSÉE ?
ET OÙ DONC SINON ? VOUS NE VOULEZ TOUT DE MÊME PAS QUE J'AILLE M'INSTALLER AU LOUVRE !
JOHN SMITH, AMBASSADE DES ÉTATS-UNIS, J'AI APPELÉ VOTRE BUREAU HIER, MONSIEUR LE CONSEILLER !
FAISONS QUELQUES PAS.
INUTILE DE M'ACCOMPAGNER, JE SUIS SOUS LA PROTECTION DE LA DIPLOMATIE AMÉRICAINE.

LE PRÉSIDENT NIXON SOUHAITE VOUS INVITER À WASHINGTON POUR UNE VISITE D'ÉTAT DÈS LE MOIS DE JUIN...
DITES-LUI QUE JE SUIS SENSIBLE À SON INVITATION ET QUE JE POURRAI SANS DOUTE Y RÉPONDRE FAVORABLEMENT.
IL RESTE UN DOUTE, JE VEUX PARLER DES COMMUNISTES, SI NOUS POUVIONS CONNAÎTRE VOS INTENTIONS...
LES COMMUNISTES, J'EN FAIS MON AFFAIRE. ILS NE PARTICIPERONT PAS AU GOUVERNEMENT, N'AYEZ AUCUNE CRAINTE, MAIS LAISSEZ-MOI FAIRE. J'AI CECI DE COMMUN AVEC LE GÉNÉRAL DE GAULLE D'AVOIR DE LA FRANCE, MOI AUSSI, UNE CERTAINE IDÉE.
BIEN ENTENDU, MONSIEUR, C'EST NOTÉ. UNE DERNIÈRE CHOSE. EST-CE QUE LA CLINIQUE DE LA FORÊT-VERTE VOUS DIT QUELQUE CHOSE ?
NON, POURQUOI ?
C'EST LÀ QUE DEPUIS MAI 68 ÉTAIT INTERNÉ DELPÉRIER, L'ASSASSIN DE CHIRAC, JUSQU'À CE QU'UN DES MÉDECINS DE LA COMMUNE PASSE PAR LÀ POUR UN CONTRÔLE SANITAIRE ET ENGAGE LA CONVERSATION AVEC LUI, CHOSE D'AILLEURS QUE PERSONNE N'AVAIT DAIGNÉ FAIRE DEPUIS 3 ANS. ON SE CONTENTAIT DE LUI ADMINISTRER DES DOSES ÉLÉPHANTESQUES DE CALMANTS EN TOUT GENRE...
CE MÉDECIN, LE DOCTEUR KOUCHNER, C'EST UN DE VOS AMIS, N'EST-CE PAS ?
LE DOCTEUR KOUCHNER EST UNE CONNAISSANCE, MAIS JE VAIS VOUS FAIRE UNE CONFIDENCE : *DANS LA VIE POLITIQUE, ON NE SE FAIT PAS, ON NE SE CRÉE PAS DE VÉRITABLES AMITIÉS. ON A QUELQUES BONS COMPAGNONS.*
Duval, Pécau & Blanchard
JPF 2011
Monsieur Fab 2011

À LIRE

- *L'Architecture de survie*, Yona Friedman, Éditions de l'Éclat, 2003
- *Architecture interdite*, Jean-Louis Chanéac, Éditions du Linteau, 2005
- *Architecture sculpture, Collections FRAC Centre et Centre Pompidou*, Éditions HYX, 2009
- *L'Accord secret de Baden-Baden*, Henri-Christian Giraud, Éditions du Rocher, 2008
- *Génération*, Hervé Hamon et Patrick Rotman, Points Seuil, 2008
- *Mai 68 : Une histoire du mouvement*, Laurent Joffrin, Points Seuil, 2008
- *Les murs ont la parole : Journal mural Mai 68*, Julien Besançon, Tchou Éditions, 2007

À VOIR

- *L'An 01*, Gébé et Jacques Doillon, MK2 Vidéo, 1973
- *Grands Soirs, Petits Matins*, William Klein, Arte Vidéo, 1978
- *La Grosse Caisse*, Alex Joffé, L.C.J. Éditions, 1965
- *Mister Freedom*, William Klein, Arte Vidéo, 1969

JOUR J